CAN HUMANITY CHANGE?

J. Krishnamurti in Dialogue with Buddhists

你可以改變自己嗎？

當先知遇上尊者與科學家，一場關於人與生命的對話

二十世紀五大聖人
這個時代最偉大的思想家

克里希那穆提
J. KRISHNAMURTI

梁永安——譯

導論

世界正在發生的種種狀況是否表明人類意識孔須做出根本的改變，而這樣的改變又是否可能？這個議題同時居於克里希那穆提和佛陀教誨的核心，而在一九七八和一九七九年，知名佛教學者羅睺羅・化普樂（Walpola Rahula）兩度前往英國的布洛克伍德帕克（Brockwood Park），向克里希那穆提求教一些他在閱讀其著作時想到的問題。羅睺羅是公認的佛學權威，同時精通大乘與小乘佛學，曾在世界多所知名大學講學，又曾為《大英百科全書》撰寫「佛陀」條目，所著的佛教導論《佛陀的啟示》（*What the Buddha Taught*）被翻譯為多種文字，廣為人知。他後來出任斯里蘭卡佛教與巴利文研究大學（University of Buddhist and Pali Studies）校長。陪他一起求見克里希那穆提的伊美加黛・施勒格爾（Irmgard Schloegl）為知名禪宗老師，曾任倫敦佛教學會（Buddhist Society of London）的圖書館館長。

物理學家博姆（David Bohm）和科學家梅赫塔（Phiroz Mehta）幾乎參與了所有談話，而每回談話都是由羅睺羅博士首先提出一個問題（全都攸關我們是否能徹底改變我們看待自己、他人、生命和死亡的方式），作為發端。被討論到的問題包括個人同一性（personal identity）的性質、相對真理和終極真理的分別、直悟（insight）與知性理解的分別等等。在所有這些問題上，羅睺羅博士都主張克里希那穆提和佛陀的見解並無實質差異。他還向克里希那穆提指出，佛陀的原始教導——特別是稱為「念住」（*satipatthana*）的打坐方式——幾世紀以來，一直被人以許多不同的方式誤解與錯誤詮釋。

不過，克里希那穆提更喜歡的不是討論羅睺羅博士的見解是對是錯，而是把問題引導到一個相當不同的方向。例如，他問：你為什麼要把我和佛陀拿來對照呢？這種對照的價值何在？為什麼要把佛陀引入你我的討論中？他還用輕鬆語氣和有禮態度要求羅睺羅博士釐清，他到底是以佛教徒身分，還是一個人類的身分參與討論，又問他認不認為人類在心理層面不曾有過進步，以及他對「愛」這個字做何理解。

在接下來的大部分討論裡，羅睺羅博士繼續把克里希那穆提說的話對照於佛陀的教導——對這方面感興趣的讀者理應會讀得津津有味。不過，在另一個層次，又有非常不同的事正在發生。每當羅睺羅博士或其他人就某一個問題（例如思想在創造自我一事上所扮演的角色）提出看法之後，克里希那穆提總是會追問：「你有**看見**嗎？」這裡的「看見」不是一種普通的看見，而是指一種極深刻和極清晰的知覺，足以讓人的意識和行為同時徹底改變。同樣值得注意的是，克里希那穆提喜歡用問問題的方式展開論證，而且有時會希望聽眾搞懂問題而不是試圖回答——他們不是很清楚兩者的不同。

這一點指向一個區分，即表面理解和深刻理解的區分，所謂的深刻理解，是指足以改變行為的理解。我們之中很少人會缺乏反省能力。做了什麼要不得的事之後，我們會想：「我不知道為什麼會那樣做。我不應該那樣做的。」但反省歸反省，不久之後，我們通常又會舊錯重犯。「我不應該把別人的批評看成惡意。」「我不應該失去耐性。」「我不應該說那樣的話，那樣說對事情毫無幫助。」在所有這些情況中，雖然我們也許可以極清晰地說出為什麼我們這麼做，以及為什麼我們不應該這樣做的理由，但再犯的機率卻是居高不下。換言之，我們的理解往往是停留在口頭或知性層次，缺乏一種（姑且這樣稱之）徹底的覺悟，斷然不能算是「我**真正**明白了」。

所以，究竟有什麼可促使一個人發生根本改變？有什麼可以帶來無窮盡展開的覺知？這個問題像軸線那樣貫穿所有談話內容。羅睺羅博士言論精闢，而克里希那穆提並不否認這位佛教徒有看見自己言論所指涉的真理，但又總是敦促對方更進一步，解釋他的看見是如何得到，以及討論能達到如此清晰度的心靈是何種性質。這是兩人交談的精髓。

兩人的五回談話構成了本書的大部分篇幅。考慮到它們主要是關於人類意識想要獲得深刻轉換所碰到的障礙，所以本書還收錄一個類似附錄的部分，作為補充，內容集中在解釋為什麼許多人在聆聽過克里希那穆提的多年教導後，卻依然故我。他的各種回答

（其中一些鏗鏘有力）除了會讓佛教徒和他自己的學生感興趣，應該也會讓這兩個範疇之外的讀者感興趣。

該怎樣評價這些意見交流？這似乎是個理當會有的提問，若真有此問題，答案應該完全交由讀者來回答。

英文版出版編輯　斯基特（David Skitt）

CONTENTS

第一部分

〔第一回談話〕一九七八年六月二十二日於布洛克伍德帕克

難道你與佛陀所說的不是同一回事嗎？

羅睺羅[1] 我從早年便密切注意你提出的教導——假定稱之為「教導」是恰當的話。我讀過你大部分著作，每次都深感興味，盼望有今天這種討論機會已經很久。

對熟悉佛陀教導的人來說，你的教導並不會讓他們感到陌生。他們會認為，你只是用新的語彙和風格，把佛陀在兩千五百年前說過的話重述一遍。我常常一邊讀你的書，一邊在頁邊寫註記，指出你的說法和佛陀說法的相似之處，有時甚至會引錄相關的佛經章節——有些是出自佛陀親傳，有些是出自後來的佛教思想家。你用自己的語言把那些觀念闡釋得精彩而恰到好處，令人讚嘆。

所以，一開始，我想要扼要指出幾個你和佛陀的共通觀點。首先是，佛陀不接受造物主的觀念，不認為有一個上帝統治著世界、對人類行為進行獎懲。我相信，你也是持同一觀點。再來是，佛陀不接受《吠陀》和《梵書》所說的，有一個常住不變的我（atman）或說靈魂存在。據我所知，你也是一樣看法。

佛陀的教導始自一個前提，也就是人生充滿痛苦、衝突和悲哀。這也是你的著作常常強調的。另外，佛陀指出，人生的苦是由於妄執有我而生起自私的心所致。你說過一

1 譯注：羅睺羅・化普樂（Walpola Rahula, 1907-1997），斯里蘭卡僧人、學者、作家，是西方領域中，第一位以僧侶身分成為大學教授的學者，著有《佛陀的啟示》等多部著作。

樣的話。

佛陀說過，當人擺脫欲望、執著和自我，就可以擺脫痛苦和衝突。我記得，你在什麼地方也說過，自由就是擺脫一切執著。這正是佛陀的主張。**凡**執著皆不可取，所以不能說有些執著可取，有些不可取。這種分別在日常生活固然有實用價值，但終究來說是不存在。

再來還有你們就看見真理、領悟真理的看法。在佛教，這種看見被稱為「如實觀」。佛陀說過，當我們能夠如實看見事物，我們就是看見了實相，就是看見了真理，就會擺脫衝突得自在。你也經常這麼說，一個例子見於你的《真理與實在》（*Truth and Actuality*）一書。佛教有一個著名區分，即「俗諦」與「真諦」的區分，前者指權宜真理或相對真理，後者指絕對真理。佛教認為，人若是沒有看見相對真理，就不可能看見絕對真理。這是佛教的態度。你說過一樣的話。

在一個較通俗但非常重要的層次，你總是強調，一個人必須獨立於權威，不把某個人或他說過的話視為權威。人必須自行領悟、自行看見。這是非常知名的佛教義理。佛陀曾告誡羯臘磨國人，不可因為某種主張是佛經或某個精神導師（guru）說過便深信不疑。人只有在看出一種主張為正確時方可接受。如果你看見其為錯或惡，便不可接受。[2]

你和維韋卡南達（Swami Venkatesananda）有過一次引人入勝的討論。當他問你人需不需要一個精神導師時，你總是這樣回答：精神導師能有何用？一切都要靠你自己，一個精神導師無法拯救你。這完完全全是一種佛教態度：人不應接受任何權威。讀罷記載在《智慧的覺醒》（*The Awakening of Intelligence*）的這個討論後，我在頁邊寫道：佛陀說過一樣的話。又用兩句話概括你的這種主張：「汝當自努力，如來唯說者。」（你們必須自行努力，諸佛只能為你們指示出道路）。它們出自《法句經》，而我知道你很年輕便讀過這部佛經。

另一個很重要的相同處是你強調覺知（awareness）或說念住（mindfulness）。正如《大念住經》指出，保持覺知或念住是佛陀極重要的教導。當我讀《大般涅槃經》，內容是佛陀人生最後一個月的言行，有一件事讓我印象非常深刻。那就是，每當佛陀有暇停下來對弟子說話，他總是說：「諸比丘當攝心住念，此為我等之教言。」這是你的教導的另一個重點，也是我非常認同且極力依循的。

---

2 編按：見羯臘磨經：「迷信教條未見安，經典所載非無疑；師長訓示固可貴，懾信權威非所宜；凡事合理方可信，且需益己復益人；凡俟體察分析後，始能虔信並奉信。」

另一個有趣的共通處是你總是強調無常。這是佛教的根本大法之一：一切無常，無物永恆。在《從已知中解脫》（*Freedom from the Known*）一書，你說過，認識無一物是永恆的道理無比重要，因為非如此心靈不能得自由。這種觀點和佛教的四聖諦思想完全符合一致。

你和佛陀還有一些次要但同樣很有意思的相通之處。我記得，你在《從已知中解脫》裡說過，修煉不是道，但不修煉的人生也毫無價值。讀到這個，我在頁邊寫道：一個婆羅門問佛陀，他能夠到達那麼高的精神高度，是靠何種戒律、何種修煉、何種知識？[3]佛陀回答：不是靠知識、不是靠修煉、不是靠戒律，但也不是不靠它們。最後一句話很重要：「但也不是不靠它們。」這和你的說法如出一轍：你譴責汲汲於修煉的態度，但又指出沒有修煉的人生毫無價值。禪宗正是如此——沒有所謂禪宗，禪宗**就是**佛教。禪宗把汲汲於修煉視為一種執著，大加譴責，但世界上也沒有一個佛教宗派比禪宗更強調修煉。

在你和佛陀觀點相似一事上，還有很多可說的，但我目前只打算指出你們在根本處精神一致，互不衝突。但你當然不是佛教徒，這是你自己指出過的。

3譯注：這裡的「戒律」、「修煉」、「知識」，用佛教術語來說是「戒」、「定」、「慧」。

克里希那穆提 我確實不是，先生。

羅睺羅 我也說不準自己是不是佛教徒，但那不重要。不過，你的教導和佛陀幾乎毫無分別。不同處只在於，你用以說出同一種道理的，是一種很能讓今日的人入迷的方式，大概也會讓他日的人感到著迷。我想知道的是，你對我所說的這些有何看法。

克里希那穆提 先生，我可以請問你，你進行這番對照的用意何在？

羅睺羅 因為我是個佛學學者。我鑽研過佛經，讀你的書時，總覺得你的那一套無異於佛教。

克里希那穆提 但這種對照的必要性何在？

羅睺羅 並無必要性。

克里希那穆提 如果你不是佛學學者，沒有讀過佛經和佛陀的教誨，對佛法理解不深，那你在讀我的書時又會有何感想？

羅睺羅 我無從得知，因為我在讀你的書時已經有了佛教學者的身分。我是受制約的，會有那樣的反應是制約作用作祟。沒有人能不受自己的知識背景制約。所以我無法回答你的問題。

克里希那穆提 所以容我指出……希望你不會介意……

羅睺羅　不會，絕不會。

克里希那穆提　知識會制約人類，聖典會制約人類，聖徒說過的話會制約人類。既然如此，我想請問你，你認為這些知識對人類有幫助嗎？

羅睺羅　聖典和所有知識都會制約人類，這是毫無疑問的。但我認為，知識並非絕對非必要。佛陀清楚指出，如果你想渡河而河上沒橋，那你就可以造一艘小舟，用它來渡河。但到了對岸之後，如果你認為小舟對你有相當大的用處，決定不把它留下，反而扛在肩上帶走，那就是一種錯誤作法。你應該這樣想：這小舟對我真是非常有用，但我已經過了河，它對我不再有用，我應該把它留下，供其他人使用。這也是我們對待知識和學問的應有態度。佛陀指出，甚至是佛教教義和所謂的美德、道德上的德行，一樣就像小舟那樣，只具有相對和受制約的價值。

克里希那穆提　我不懷疑你說的這個，先生，但我想問的是，知識有沒有解放心靈的功能？

羅睺羅　我不認為知識可以起解放作用。

克里希那穆提　知識確實沒有這種能力。但人會透過知識得到力量感、價值感和份量感。這些東西會不會強化自我？

羅睺羅　當然會。

克里希那穆提　知識會不會制約人類？我這裡所謂的「知識」當然是指古往今來各種資訊、經驗、事實、理論和原理的累積。既然是一種累積，「知識」就是一種過去的東西。那麼，「過去」能促使人獲得解放嗎？

羅睺羅　所有的過去、所有的知識，都會在我們看見真理的一刻消失。

克里希那穆提　但一個堆滿知識的心靈有可能看見真理嗎？

羅睺羅　如果心靈是擠滿知識，為知識所覆蓋，那它當然無法……

克里希那穆提　心靈一般都是這個樣子。大部分心靈都是充滿知識，並因此變得殘缺。我所謂的「殘缺」是指份量減輕。這樣的心靈有可能看見什麼是真理嗎？還是說，它必須先擺脫知識？

羅睺羅　要看見真理，心靈必須擺脫所有知識。

克里希那穆提　對。那麼，人為什麼要累積知識，然後拋棄知識，然後尋求真理呢？你明白我的意思嗎？

羅睺羅　我認為那是我們一般的生活方式。大部分我們學來的東西在剛開始時都是有用的。例如，念小學的時候，要是紙張沒有畫線，我們就不會寫字，但長大後我們卻能在沒畫線的紙張上寫字。

克里希那穆提　且慢，先生。我同意。念小學或大學的時候，我們寫字會需要有畫線的紙張。但起點會不會事關重大，會不會對未來構成制約，在我們的成長過程中帶來制約？你明白我的意思嗎？我不確定自己有沒有說清楚。自由是位於起點還是終點？

羅睺羅　自由沒有起點或終點所言。

克里希那穆提　你認為自由會被知識侷限嗎？

羅睺羅　自由不會被知識侷限，但錯誤應用學來的知識也許會妨礙自由。

克里希那穆提　不對，知識沒有正確累積和錯誤累積之分。我也許會做錯事而感到後悔，又也許會把同樣的錯事一犯再犯，這些都是知識。但我正在問的是，知識會不會帶來自由？你說修煉在一開始是必要的。但隨著你長大、成熟和習得更多技能，你的修煉會不會對心靈構成制約，讓心靈永遠無法擺脫修煉？

羅睺羅　對，我明白。這麼說，你是同意，某種程度的修煉在一開始是必要的。

克里希那穆提　我沒有同不同意，我只是在探究。當我說「我正在探究」，不是表示我懷疑或認為無此必要。

羅睺羅　我認為某種程度的修煉是必要的，但如果你變得離不開它便大不可取。這是一種佛教的立場。佛教有所謂「有學」（*shaikshya*）與「無學」（*ashaikshya*）的區分，前者是指人已走在佛路上，但尚未到達「道」的狀態。在這狀態的人還需要修煉、戒律和種種好壞對錯的觀念。阿羅漢因為已經開悟，所以是處於「無學」境界。他們用不著修煉，因為他們已經超越修煉。

克里希那穆提　對，我知道。

羅睺羅　這是人生的事實。

克里希那穆提　我質疑它。

羅睺羅　我自己可是毫不懷疑它是事實。

克里希那穆提　這麼說我們可以停止探究了。

羅睺羅　不是，我不是這意思。

克里希那穆提　我們正在談論知識。你說知識就像一艘用來渡河的小舟，有時是有用或必要。我想要探究這事實或說這比喻，看看它是不是真理，看看它有沒有帶有真理的特質——我們先暫時這麼說吧。

羅睺羅　你是說比喻本身還是它的教訓？

克里希那穆提　通通包含。先生，你會接受這比喻就表示你同意人類會進化。

羅睺羅　對，我同意。

克里希那穆提　進化，換言之是一步一步來，一點一點前進，最終抵達目的地。我首先是修煉、守戒，過程中得到更多能力、更多能量。然後我把這些丟棄，繼續往前。

羅睺羅　那不是計畫性的。不存在一個計畫。

克里希那穆提　我不是說其中有一個計畫。我是在探究是不是有所謂的進步。

羅睺羅　你怎麼看？

克里希那穆提　我怎麼看？我認為沒有。

伊美加黛．施勒格爾[4]　我非常同意你的看法。我不相信悟道可以靠一個漸進過程。

羅睺羅　好吧，我同意，沒有那樣的過程。

克里希那穆提　我們在這個問題上必須非常小心謹慎，因為包括佛教、印度教和基督教在內，所有宗教和非宗教態度都被困在一種涉及時間、涉及進化的思考方式裡。它們相信，人可以透過時間逐漸改善，最終變成完人。我認為這種思考方式有根本上謬誤。很抱歉這樣說。

4 譯注：伊美加黛．施勒格爾（Irmgard Schloegl, 1921-2007）：奧地利人，地質學博士，後前往日本禪修，並出家為尼，法號「妙教尼」。

伊美加黛．施勒格爾　我完全同意，有一個很好的理由讓我這樣認為。因為就我們所知，人類從存在之初便知道應該向善。如果人類真能憑著做些什麼取得進步，我們就不會是今天這個樣子。我們將全是完人。

克里希那穆提　人類可曾有過進步？

伊美加黛．施勒格爾　嚴格來說，人類不曾有過進步，有的話亦是微乎其微。

克里希那穆提　我們也許在技術、科學、衛生等方面取得過進步，但若論心理層面或說內在層面，我們一萬多年來毫無進步。

伊美加黛．施勒格爾　所以，我們雖然知道應該向善，並發展出很多怎樣才能向善的學說，但它們全都無法成功幫助我們變得善良。在我看來，有一個特別大的障礙存在於我們所有人身上，要怎樣克服這個障礙事關重大。因為大部分人的內心都嚮往善良，卻沒能如願以償。

克里希那穆提　我們接受了進化的觀念。進化在生物學層面上確實存在。我們把這個生物學事實套用到心理領域，以為我們一樣可以在心理層面進化。

羅睺羅　不，我不認為我是這種態度。

克里希那穆提　那麼，當你說「漸進地」的時候又是什麼意思？

羅睺羅　我沒說過「漸進」。我只是說，領悟真理、到達真理或看見真理不是可以按照計畫進行的。

克里希那穆提　它是外在於時間的。

羅睺羅　正是，外在於時間。

克里希那穆提　這相當不同於說心靈可以透過經歷幾千年的進化、透過累積越來越多知識而揭露那不平凡真理。

羅睺羅　知識無法揭露真理。

克里希那穆提　然則我們何以應該累積知識？

羅睺羅　但你又要怎樣避免？

克里希那穆提　科技知識的累積是不可避免，但應該避免累積心理知識。

羅睺羅　但要怎樣才能做到？

克里希那穆提　那是另一回事。

羅睺羅　你要怎樣做到？要知道，人是受制約的。

克里希那穆提　且慢，先生，讓我們先就先前的問題再深入一點點。在生理上，我們是會進化的。我們會從小孩長大成為少年，再成為成人。這是一個事實。一顆小橡樹會成長為一棵巨大櫟樹，這是一個事實。但我們必然會在心理上成長也是一個事實嗎？或它只是一個假設？如果心理必然會成長，那就表示，只要做好準備工夫，我必然會到達真理，或說真理必然會臨到我。

羅睺羅 那是一個錯誤的結論，一種錯誤的觀點。領悟真理是一種革命，不是進化。

克里希那穆提 所以，心靈是可以擺脫心理進化的觀念的囉？

羅睺羅 可以。

克里希那穆提 不是「可以」，是必須。

羅睺羅 這就是我在說的。領悟真理是一種革命，不是進化，不是一個漸進過程。

克里希那穆提 從心理的層面看，革命是可能的嗎？

羅睺羅 可能，當然可能。

克里希那穆提 這表示這革命不牽涉時間。

羅睺羅 不牽涉。

克里希那穆提 但所有的宗教和聖典都主張，你必須通過一些階段。

羅睺羅 佛教不是這樣。

克里希那穆提 等等。我沒說包括佛教。我不知道佛教是不是這樣。我只在小時候讀過佛教的東西，早已忘光。你說一個人首先必須進行修煉，最後再丟棄修煉……

羅睺羅　不，我沒說過。我沒有那樣的假設，佛陀也沒有。

克里希那穆提　那麼我是誤會了。

羅睺羅　我先前向你請教的問題是：要怎樣才能領悟真理？

克里希那穆提　呃，那是相當不同的問題。

羅睺羅　我主張的只是，我們都受到制約。沒有人能避免，不管他們多麼努力。革命意謂看出自己是受制約。在你了悟這點的當下，它是沒有時間的，完全是一場革命，而那就是真理。

克里希那穆提　當我們說我們受進化模式所制約，當然是指我們相信今日之我可以勝過昨日之我，而明日之我又可以勝過今日之我，對不對？我昨日的行為很要不得，但我今天明白了它們要不得，所以，到了明天，我將能擺脫它們，得到自由。這就是我們的根本態度，是我們存有的心理結構。這是個日常事實。

羅睺羅　但我們真有體會嗎？[5] 我們有可能只是知性上明白，只是口頭上明白。

克里希那穆提　不，我不是在空談理論。我是在指出一個事實：「人總是設法在明

5 譯注：應是指體會「我昨日的行為很要不得」。

天變得善良」是一個事實。

羅睺羅 人毫無疑問總是設法在明天變得善良。

克里希那穆提 我不是根據佛陀或佛經而這樣說，那是一種人在日常生活裡會有的態度。他們心想：「我不像我應有的那樣善良。給我幾星期或幾年吧，我最終必然會變成完人。」

羅睺羅 這當然就是幾乎每個人的日常態度。

克里希那穆提 不對，不是「幾乎每個人」。包括基督徒和佛教徒在內，世上所有人都受到進化的觀念的制約。它可能是來自生物的進化，然後被套用在心理層面。

羅睺羅 很有道理。

克里希那穆提 現在，一個人類，不管是男是女，要怎樣才能掙脫這種模式，這種把時間牽扯進來的傾向呢？你明白我的意思嗎？

羅睺羅 明白。方法是透過看見。

克里希那穆提 不對。如果我被困在進步的觀念裡，我就不可能看見。你說方法是透過看見，我卻認為我無法看見。

羅睺羅 你認為自己無法看見就會無法看見。

克里希那穆提　不，我只是想探究。我想知道，我們為什麼要賦予所謂的「進步」那麼大的心理學重要性。

伊美加黛．施勒格爾　我不是學者而是修道者。我是一個西方人，曾經當過科學家，而我從佛教教義找到最讓我滿意的答案：我是作繭自縛。只要我一天受到眾多制約束縛，就不可能看見或行動。但如果……

克里希那穆提　妳說的這個無法幫我解惑。妳說那是妳學來的。

伊美加黛．施勒格爾　我是學來的沒錯，但我的這種「學」就像學彈鋼琴，不像是學習某種學科。

克里希那穆提　學習鋼琴也是一種練習。那麼講了這麼多，我們到底是在說什麼？

古迪．納拉楊[6]　看來有一個困難讓人難於擺脫知識。知識具有某種吸引力，會讓擁有它的人自感擁有某種力量。不管是累積佛教知識還是科學知識的時候。我們會有一種奇怪的自由感，雖然那不是真正的自由，只是傳統意義下的自由。當你花了二、三十年學習知識，你就會變得很寶貝它，難以割捨。所有學習者都會從學習中獲得某種成

6譯注：古迪．納拉楊（Giddu Narayan）：克里希那穆提的子姪輩，數學老師，後出任克里希那穆提創辦的瑞許谷學校（Rishi Valley School）校長。

就，哪怕只是世俗意義的成就。它有某種力量、魅力、能力，或許還有某種領悟。

羅睺羅 因為那樣，你會變得執著於所學。

古迪．納拉楊 對，這時想擺脫知識要比一個初學者難得多。一個初學者也許比擁有一大堆習得智慧的人更能直接看見事物本身。

羅睺羅 是不是這樣會因人而異，不能一概而論。

克里希那穆提 依我之見，這可以構成一條大體通用的原則。但讓我們回到原來討論的問題。我們全都是被進步的觀念所制約，對不對？

羅睺羅 我們剛才已經就這一點達成共識：人類普遍接受進步是一種漸進的進化。正如你說過，因為接受這是一個生物學事實，它在生物學領域是可以被證明的，所以人類就把同一套理論應用到心理領域。你我都同意那是人類的普遍立場。

克里希那穆提 那麼它也是一個真理立場嗎？我承認人類在生物學意義上是會進化，但把它套用到心理領域，那也是真理嗎？

羅睺羅 我終於明白你問的是什麼。我不認為那是真理。

克里希那穆提 所以我們應該把修煉的整個觀念丟棄。

羅睺羅 我會說重點不在丟不丟棄。如果你是自覺地丟棄……

克里希那穆提 不，先生，請你先等一等。我看見人類做了什麼：他們把生物學事實套用在心理領域，然後又虛構出上帝、開悟、梵天、涅槃、天堂或地獄之類的觀念。如果我們看見這種套用的謬誤性，我是指實際看見而非理論上明白，它的作用就會結束。

羅睺羅 絕對是如此。這也是我一路下來主張的。

克里希那穆提 那麼，我們又有什麼學習聖典知識的必要？

羅睺羅 沒有必要。

克里希那穆提 那麼我們又有什麼讀佛陀話語的必要？

羅睺羅 我說過了，我們全是受制約的。

博姆[7] 容我問一個問題：你同意人必然是受制約的嗎？

克里希那穆提 博姆博士問了一個問題：我們全都同意人必然受制約之說嗎？

羅睺羅 我不知道你同不同意，但我本人同意。生存在時間裡，就是生存在受制約狀態。

博姆 我想說的是這個：克里希那穆提說過，至少是在其中一些討論裡說過，他從

7 譯注：博姆（David Bohm, 1917-1992），英籍美國物理學家，是奧本海默（J. Robert Oppenheimer）的弟子，愛因斯坦的同事，又是克里希那穆提及達賴喇嘛的對談夥伴。對量子力學有卓越的貢獻，並曾參與曼哈頓工程。

一開始就沒有深受制約，所以可以得到一些非同一般的直悟。我這種說法公允嗎？

克里希那穆提 請不要以我為例。我也許只是個怪胎，所以不要把我的情形考慮在內。我們正在討論的是這個：我們有可能同意，「心理層面不存在進步」這個真理嗎？我是指同意這真理本身，不是同意它的觀念。你們明白箇中分別嗎？

羅睺羅 明白。

克里希那穆提 真理的觀念不同於真理。所以，作為人類，我們有看見自己所做的事情的真實或虛假嗎？

羅睺羅 你是指普遍的人類？

克里希那穆提 整個世界。

羅睺羅 那答案是沒有看見。

克里希那穆提 當你告訴他們，汲取更多知識，讀這個讀那個，佛經、佛陀或基督說過的話之類的，如果他真的存在的話，他們充滿這種積累的本能，以期自己能夠進入天堂。

博姆 當我們說所有人都受到制約，我們是憑什麼知道這個的？這才是我真正想說的。

克里希那穆提　對。他的意思是，所有人真的都是受到制約的嗎？

羅睺羅　這是個非常複雜的問題。若著眼於社會，我們真的是全都受到制約。不可能有一個人不受制約，因為他是生存在時間中。但我們正在談的是開悟。開悟不牽涉時間，所以不受制約。

博姆　我想強調，如果我們主張所有人都受到制約，會有兩種可能的立論根據。一是累積我們對制約作用的知識，然後觀察人類的共通經驗，並指出，從這些觀察，我們得出人類是普遍受到制約的結論。另一種方法是用更直接的方式看見。這是我設法做到的。

羅睺羅　我相信有些人看得見。

克里希那穆提　但這對事情有幫助嗎？因為那也許可能做到，又也許做不到。

博姆　我設法要指出的只是，如果我們認為所有人都受到制約，那想要開悟，就只能採取某種修煉或其他漸進的方法。也就是說，我們必須從自己的受制約狀態出發。

克里希那穆提　無此必要。我看不出來是這樣。

博姆　那好，讓我們來談談這個。我認為，如果我們接受羅睺羅博士所說的，所有人從一開始都是受到制約……

克里希那穆提　所有人確實都是受到制約。

博姆　那麼我們下一步該做些什麼？

羅睺羅　無所謂「下一步」。

博姆　我們要如何擺脫我們的受制約狀態？

羅睺羅　要擺脫受制約狀態的方法是看見。

博姆　好，那我們怎樣才能看見？

羅睺羅　不同的人透過不同方法。

克里希那穆提　不，不是不同的方法。當你說「方法」那一刻，你業已受它制約。

羅睺羅　我也是這個意思。我們同樣受我們的言談制約。設法讓心靈不受制約也是在制約心靈。

克里希那穆提　不，我質疑這個說法，我說的東西是否會束縛心靈——不管這個心是大腦、思想、感覺或人的整個心理生活。我對此存疑。但容我指出，我們已經偏離了核心問題。

羅睺羅　我們的核心問題是怎樣才能看見，對嗎？

克里希那穆提　不對，先生。無所謂「怎樣」的問題。讓我們先看看這個簡單的事實：作為一個人類，我們有看見自己代表全人類嗎？既然我是一個人類，我就代表所有人類。對不對？

伊美加黛．施勒格爾 以個人的方式代表。

克里希那穆提 不。作為一個人類，我代表你，代表他，代表全部人，因為我也像每個人那樣，會經歷痛苦。所以，作為一個人類，我有看出把生物學事實套用到心理領域是一種謬誤嗎？在生物學的領域，人類確實有進步，比方說從小個子進化為大個子，從輪子進化為噴射機。作為一個人類，我有看見把生物學事實套用到心理領域是一種誤置嗎？我有像看見這張桌子那樣看見其中的謬誤嗎？還是說，我們只是接受一個觀念、一個理論，然後我們就迷失了。而這個理論、觀念，因此就是知識。

伊美加黛．施勒格爾 如果我可以像看見這張桌子那樣看見它，它就不再只是一個理論。

克里希那穆提 它就會變成一個事實。但在你離開事實那一刻，它就會變成觀念，變成知識，變成一種知識的追求。這樣，你離事實便會越來越遠。但願我有把意思說清楚。

羅睺羅 對，我猜事情就是你說的那樣。

克里希那穆提　那樣會有什麼後果？人類越來越遠離事實會有什麼後果？

羅睺羅　人類會讓自己被困住。

克里希那穆提　對，人類會進步的確是一個生物學事實。小樹會變成大樹，嬰兒會長大成小孩再長大成少年。但如果把同一種思考方式套用到心理領域，假設我們在心理領域也會進步，那便是一種胡亂套用，對不對？但願我有把話說清楚。

博姆　你是說，這也是我們受制約狀態的一部分？

克里希那穆提　不是。讓我們先把制約的問題撇一邊。我不想討論這個。但我們為什麼會把生物成長的事實套用到心理領域？我們胡亂套用是一個事實，但為什麼我們要套用？

伊美加黛．施勒格爾　我們想要變得不一樣。

克里希那穆提　也就是說，我們想要得到滿足、安全、確定和成就感。

伊美加黛．施勒格爾　這些都是我們缺乏的。

克里希那穆提　所以人類為什麼沒有看見自己是胡亂套用——我是指實際上看見而不是理論上明白。

伊美加黛．施勒格爾　你是說一個普通人類？

克里希那穆提　你、我、他之類的人類。

伊美加黛．施勒格爾　因為我們不想看見。因為我們害怕看見。

克里希那穆提　所以我們就自甘活在假象中。

伊美加黛．施勒格爾　對。

克里希那穆提　為什麼？

伊美加黛．施勒格爾　我們想變得不一樣。我們害怕無法變得不一樣，所以不去看。這就是理由。

克里希那穆提　不對，女士。當我們看見自己胡亂套用，就不會再有害怕恐懼。

伊美加黛．施勒格爾　事實是，我們總看不見自己在幹什麼。

克里希那穆提　為什麼我們不去看？

伊美加黛．施勒格爾　我懷疑是出於恐懼心理。我不知道理由。

克里希那穆提　當妳談到害怕恐懼，妳是進入了一個相當不同的領域。我會樂於只探討人類為什麼會是這個樣子，而且歷幾千年依然故我。為什麼人類會生活在一個虛假結構，然後有些人走出來，呼籲我們應該無私，應該這樣那樣。為什麼？

伊美加黛．施勒格爾　我們每個人裡面都有非常強烈的非理性一面。

克里希那穆提　我要探究這個，只因為我們都不是活在事實裡，而是生活在觀念和知識裡。

羅睺羅　確實如此。

克里希那穆提　事實是，進化存在於生物層次，但不存在於心理層次。可我們卻把知識、觀念、理論和哲學之類看得極其重要。

羅睺羅　你看不出來人類即便在心理層面一樣可以有某種發展、某種進化？

克里希那穆提　看不出來。

羅睺羅　比方說一個前科累累的罪犯，他偷搶拐騙無所不為，但有人對他解釋一些做人的根本道理，然後他改變了，從此不再偷竊，不再撒謊，也不再想要殺人。這樣的例子是存在的。

克里希那穆提　又比方說一個恐怖份子。

羅睺羅　那樣的人是有可能改變的。

克里希那穆提　你是說，一個所謂的惡人，比方說恐怖份子，是有未來可言的？你是為他們的未來請命？

羅睺羅　難道你不認為，我們可以向一個罪犯解釋他的行為錯在哪裡，出於自己的反省，或是出於你的感染力，他是可能改變的？

克里希那穆提　我不確定你說服得了一個傳統意義下的罪犯，先生。

羅睺羅　我也不確定。

克里希那穆提　你是可以安撫他，是可以用什麼獎勵鼓勵他照你說的做人。但一個真正有犯罪心靈的人會聽取任何明智之言嗎？例如，一個恐怖份子會聽取你的明智之言嗎？當然不會。

羅睺羅　你不能這樣說。我說不準。我也不是全然一派樂觀。但在有更多證據以前，我不會採取你的態度。

克里希那穆提　我也沒有證據。但你可以看看正在發生的事情。

羅睺羅　正在發生的事情是，世界上有許多恐怖份子，但我們不知道他們其中一些會不會有朝一日洗心革面，變成好人。我們沒有證據。

克里希那穆提　你明白嗎，這就是我的重點：壞人是否可以進化成為好人。

羅睺羅　在通俗的意義下，這種事斷然發生過，我們無法否認。

克里希那穆提　對，有數以十計的事例。

羅睺羅　有這些事例還不夠嗎？

克里希那穆提 先等一等，先生。比方說有個惡人幹盡懷事，但有一天良心發現，決心洗心革面，變成好人。但這算不上是個例子，因為這不叫善。因為善不會生於惡。

羅睺羅 當然不會。

克里希那穆提 所以所謂的惡人永遠不會變成真正的善人。善不是惡的對立面。

羅睺羅 在你所說的層次不是。

克里希那穆提 在任何層次都不是。

羅睺羅 我不同意。

古迪．納拉楊 我們也許可以換個方式說：在通俗的層面，惡人會變成好人。我想這可以稱之為「心理進步」。這是會見於人類心靈的現象。

克里希那穆提 我穿黃色衣服而你穿褐色衣服，這是一種對立。再來我們還有日與夜、男與女的對立。但恐懼也是有對立面的嗎？善良也是有對立面的嗎？難道愛是恨的對立面嗎？一有對立就意味著二元性。

羅睺羅 我們都是使用二元性的語彙說話。

克里希那穆提 所有語言都是二元性的。

羅睺羅 沒有二元對立，我們就不能說出有意義的話。

克里希那穆提　需要比較的時候是那樣。但我正在談的不是這個。

羅睺羅　你談到的是絕對、終極的層次。但談到善與惡的問題，我們只能使用二元性的語彙。

克里希那穆提　對，正因此我想離開這個話題。

羅睺羅　你不能用善或惡來談論絕對。無所謂絕對的惡或絕對的善。

克里希那穆提　確實沒有。那麼，勇氣是恐懼的對立面嗎？是不是一個人只要沒有恐懼，他就算是勇敢？還是說勇氣是一種完全不同的東西？

伊美加黛．施勒格爾　那是一種完全不同的東西。

克里希那穆提　所以它不是恐懼的對立面。善從來不是惡的對立面。當我們說「我要擺脫我的受制約狀態，得到自由」的時候，我們到底是在說些什麼？這時，自由變成了受制約狀態的對立面，也因此完全不成其為自由。這種自由是從我的受制約狀態所生：因為我被關在監獄裡，所以想得到自由。那是一種對監獄的反應，完全不是自由。

羅睺羅　我不太懂你的意思。

克里希那穆提　先生，請先考慮這個問題：愛是恨的對立面嗎？

羅睺羅　我們唯一能說的只是，有愛之處就不會有恨。

克里希那穆提　不，我問的是一個不同的問題。我是問：恨是愛的對立面嗎？如果愛是恨的對立面，那這愛就不是愛，因為它是從恨所生，是恨的對立面。所有對立面都是生於自己的對立面，對不對？

羅睺羅　我不知道。那是你的說法。

克里希那穆提　但那是事實，先生。例如，我因為恐懼而想培養勇氣。我用喝酒或這類方法把恐懼趕走，然後我覺得自己變得非常有勇氣。所有戰爭英雄都是靠這樣獲得勳章。因為恐懼，他們說：「我們必須殺人。」由此他們變得非常有勇氣，變成了英雄。

羅睺羅　那不叫有勇氣。

克里希那穆提　我要指出的是，凡生於自己對立面的東西都會包含自己的對立面。

羅睺羅　怎麼會是這樣？

克里希那穆提　如果有個人本來恨你，但後來又說：「我必須愛你。」這樣，他的愛就是生於恨。因為他知道恨是什麼，他說：「我絕不可以去恨，我必須去愛。」這樣，他的愛裡就包含著對立面。

羅睺羅　我不確定是不是這樣。

克里希那穆提　那就是我們生活的方式。我們為人好色，所以認定自己絕不能好色。我們發誓守貞禁欲。守貞禁欲正是好色的對立面。所以，人總是被困在二元對立的長廊裡。我質疑這條長廊，認為它不存在：它只是我們創造出來，事實上不存在。不過這只是其中一個解釋，你不需要同意，先生。

伊美加黛．施勒格爾 我個人認為，你說的二元對立長廊是個有用的假設，原是一個人性化因素（humanizing factor），但我們被困在了裡面。

克里希那穆提 不，不對，它不是一個人性化因素。那就好比說：「我曾經是部落心態。現在我變得國家心態。最終我將變得有國際心態。」但裡面仍然潛藏著部落心態。

博姆 我想你們兩位都同意人類已經取得若干進步，因為我們已經不如昔日野蠻。

伊美加黛．施勒格爾 這就是我稱之為人性化因素的原因。

克里希那穆提 我懷疑那可以稱之為人性化因素。

羅睺羅 我不喜歡走入極端。

克里希那穆提 這些不是極端，它們只是事實。事實不會極端。

博姆 你是說人類不存在真正的進步？但過去的人明明比今日的人野蠻許多。你認為這沒有太大意義？

克里希那穆提 我們仍然野蠻。

博姆　是這樣沒錯。但有人認為我們不若從前野蠻。

克里希那穆提　只是程度不同。

博姆　你認為這種分別不重要？

克里希那穆提　不重要。就像說今日的我比昨日的我善良並無意義。

博姆　我想這一點有需要釐清。

羅睺羅　在相對性、二元性的意義下，我不接受這種主張。我看不出來是那樣。但在絕對和終極的意義下，對立確實不存在。

克里希那穆提　不對，不是終極而言才是那樣。我甚至不能接受「終極而言」四個字。我看見對立是怎樣生於日常生活，它不是終極性的。例如，我為人貪婪，這是一個事實。我努力變得不貪婪，這是一個非事實（non-fact）。但如果我停留在我為人貪婪的事實裡，那我在此時此刻就可以去處理它。這樣，它就不是一個對立面。再以「暴力」和「非暴力」為例，「非暴力」是「暴力」的對立面，是一個理想（ideal）。所以非暴力是非事實。暴力是唯一的事實。事實是我可以處理，非事實則否。

羅睺羅　你的重點何在？

克里希那穆提　我的重點是，就連在日常生活裡，二元性一樣不存在。它只是哲學家、知識份子、烏托邦主義者和理想主義者虛構出來的。他們主張有一個對立面存在，所以設法把它實現。事實上，我們的為人就是暴力，而承認這個，我們就可以馬上加以處理，不必去虛構一個「非暴力」出來。

伊美加黛．施勒格爾　問題是，當我同意「我為人暴力」之後，我要如何來處理它？

克里希那穆提　沒有同不同意的問題。那是一個事實。

伊美加黛．施勒格爾　那我就改為說「當我們看見之後」。

克里希那穆提　看見事實之後，我們就能前進。我會向妳顯示這是怎樣做到。但首先我們必須看見自己正在幹什麼。我們一直在逃避事實，跑到非事實去。全世界的人都是這個樣子。所以該做的是不要跑開，留在事實裡。你們做得到嗎？

伊美加黛．施勒格爾　問題是人做得到嗎？做得到，只是常常不喜歡這樣做。

克里希那穆提　你們當然做得到。那就好比，當我們看見什麼危險的東西，必然會心想：「它是危險的，我不要靠近。」逃避事實非常危險。但當你不逃避它，它的危險性就消失了。這不需要你受過訓練。我認為所有的精神導師和哲學家都教人逃避事實。真是讓人遺憾。

羅睺羅　事實是無法逃避的。那完全是兩回事，你這麼說就不對了。

克里希那穆提　不對，先生。

羅睺羅　你逃避不了。

克里希那穆提　我要指出的是，只要不逃跑，你就會看見。但我們卻說：「我看不見，我被它攫住了。」

羅睺羅　我非常同意你這觀點。

克里希那穆提　所以二元性並不存在。

羅睺羅　不存在於哪裡？

克里希那穆提　不存在於現在，不存在於日常生活……所以二元性不是終極而言才不存在。

羅睺羅　何謂二元性？

克里希那穆提　二元性就是對立，像是暴力和非暴力的對立。現在整個印度都在修行非暴力，真是鬼扯。實際存在的只是暴力，是我們應該加以處理。我們應該管的是暴力，而不是非暴力的理想。

羅睺羅　我完全同意，如果我們看見事實，就應該去處理。

克里希那穆提　所以根本沒有進步可言。

羅睺羅 那只是一個詞語，你愛怎麼用都可以。

克里希那穆提 不是怎麼用都可以。當人有了一個理想，就會需要時間去實現，對不對？有了時間我們才能進化到理想狀態。所以理想並不存在，只有事實存在。

羅睺羅 當然。這有什麼差別，你想說什麼？你我都同意只有事實存在。

克里希那穆提 先生，那表示，時間不是我們看見事實所必要的東西。

羅睺羅 當然。

克里希那穆提 如果時間是非必要，那我們當下就可以看見事實。

羅睺羅 對，毫無疑問。

克里希那穆提 既然當下就可以看見事實，那你為什麼不看？

羅睺羅 我為什麼不看？那是另一個問題。

克里希那穆提 不對，那不是另一個問題。

博姆 如果我們嚴肅看待「時間是非必要」的命題，大概整件事情就可以馬上釐清。

羅睺羅 對，但那不表示所有人都做得到。只有一些人做得到。

克里希那穆提 不對，如果我能看見，那就每個人都能看見。

羅睺羅 我不認為是這樣。我不能同意你的看法。

克里希那穆提　無所謂同意不同意的問題。當你秉持一個離開事實的理想，時間和進步就會是實現理想所必須。我們必須擁有知識方能進步。這樣，各種障礙就會跑進來，對不對？所以我們可以拋棄理想嗎？

羅睺羅　有可能。

克里希那穆提　不，不，當你說「有可能」三個字，時間業已跑進來！

羅睺羅　我的意思是，看見事實是可能的。

克里希那穆提　那麼現在就去看……請原諒我，先生，我不是要發號施令。但當你說「有可能」的時候，你已經從事實跑開。

羅睺羅　我的意思是，那不是人人可以辦到。

克里希那穆提　你怎麼知道？

羅睺羅　那是一個事實。

克里希那穆提　不，我不接受。

伊美加黛．施勒格爾　我可以舉一個具體例子說明。如果我站在一個跳水高臺上，而我又不會游泳，這時我可以對自己說：「完全放輕鬆跳下去就行，水自然會把你接住。」這種想法絕對正確，是我可以做得到。除了恐懼，沒有事情可以阻止我從高臺往下跳。

我想問題的癥結就在這裡。我們當然做得到，一點都不困難，但恐懼在我們心裡作梗。雖然這恐懼經不起理性分析，但我們就是會卻步。

克里希那穆提 抱歉，這不是我要談的。我要談的是：如果我們明白自己為人貪婪，那為什麼要另外虛構出「不貪婪」的觀念。

伊美加黛．施勒格爾 我不知道，因為在我看來，如果我們為人貪婪，我們就是為人貪婪。這是顯然的。

克里希那穆提 那麼我們為什麼要創造一個對立面？所有宗教、所有稱職的哲學家都告誡我們不可貪婪。他們說，如果我們貪婪，就到不了天國。所以他們總是透過傳統、透過聖徒、透過各種方法發展一個對立面。所以我不接受。我認為設立對立面是一種逃避。

伊美加黛．施勒格爾 確實如此，那充其量只是一個不徹底階段。

克里希那穆提 那是對當下的逃避，對不對？這種作法解決不了問題。想要處理問題、解決問題，我不能一隻腳踏在這裡而另一隻腳踏在那裡。我必須兩隻腳同時踏在這裡。

伊美加黛．施勒格爾 我兩隻腳同時踏在這裡的話會怎麼樣？

克里希那穆提　等等，那只是一個比喻。但那樣的話，我就不會被一個牽涉時間、進步、修煉、努力的對立面妨礙。

伊美加黛．施勒格爾　這樣，我們就可以看見自己為人貪婪或為人暴力。

克里希那穆提　現在我們必須討論另一個完全不同的問題。一個人有可能**當下**就擺脫貪婪嗎？我說的是「當下」，不是「最終」。我不管人是不是可以在來生或幾日後擺脫貪婪。誰在乎以後的事！我想要的是當下就從悲哀痛苦裡解脫。所以，我是不抱任何理想的，對不對？我唯一擁有的只是這個事實：我為人貪婪。何謂貪婪？這個字充滿貶義。「貪婪」這個字已存在不知道多少世紀，是世界為了譴責人性貪婪的事實而設。當我說自己為人貪婪，便已經是在譴責貪婪。我有可能觀照貪婪的事實而不去想「貪婪」這個字，不去想這個字帶有的一切負面暗示嗎？只要觀照它就好。當你被困在文字裡，你就不可能了解貪婪這種感覺的深度或擺脫它。所以，當我整個生命都在觀照貪婪時，我會對自己說：「我不要被它困住，我不要使用『貪婪』這個字眼。」對不對？難道貪婪的感覺是離不開「貪婪」二字的嗎？

伊美加黛．施勒格爾　不是，不是這樣。請繼續。

克里希那穆提　我們滿腦子都是語言文字。我們觀照貪婪時可以不帶著語言文字嗎？

羅睺羅　那才叫真正看見事實。

克里希那穆提　只有那樣我才能看見事實。

羅睺羅　對，在不帶語言文字的情況下。

克里希那穆提　所以，貪婪原是沒有正負值的。觀照這個事實，它就會失去作用。但這就是困難之所在。我們總是想擺脫貪婪，因為我們身處的文化、所受的教育和血管裡流著的血無不告訴我們：應當擺脫這種醜陋的東西。所以我們無時無刻不努力擺脫貪婪。感謝老天，我不是受這種教育長大的。所以我有的只是事實，即我為人貪婪的事實。我想要了解貪婪二字的性質和結構、了解貪婪的感覺。它是什麼？這種感覺有哪些性質？那是一種回憶嗎？若然，我就是帶著過去的回憶看待現在的貪婪。回憶催促我譴責貪婪。我有可能不帶著回憶而看待貪婪嗎？

我遲些會再深入說明：因為回憶會譴責貪婪，因此也會強化貪婪。如果它是一種新東西，我們便不會譴責它。但因為它不新……它其實是新的，只是被我們的回憶和經驗弄舊。因為它不新，所以我們譴責它。所以，觀照貪婪的時候，我們可以不帶著它的名稱，不帶著這名稱承載的一切聯想嗎？要做到這個用不著修煉或制戒，也用不著嚮導。

我們有可能在看待樹木、女人、男人、天空或飛鳥時不帶著它們的名稱，光用眼睛發現它們的本貌嗎？當然可能。但如果有個人走過來，對我們說：「我來教你怎樣做。」我們便會被弄糊塗。「我來教你怎樣做」——所有聖典、所有精神導師、所有主教和所有教宗全都在幹這種事。抱歉這麼說。

[第二回談話]

有一種不帶有自我的心靈狀態嗎？

一九七八年六月二十三日於布洛克伍德帕克

羅睺羅 我想請你釐清一、兩件事情。昨天討論要結束前，你指出「貪婪」這個觀念因著表達它的名稱而被賦予了負面含意，但如果我們不帶著語言文字去看它，它也許會顯得迥然不同。這當然很對，因為事物本身原是沒有名稱。佛教認為知識有三個層次。第一層次的知識得自學習、書本和老師，稱為「聞所生智」（*shrutamaya-prajna*）。第二個層次的知識得自思考，稱為「思所生智」（*chintamaya-prajna*），而因為思考要靠習得知識作為中介，所以這個層次的知識仍然離不開語言文字。最高層次的知識便是智慧，它是超越一切語言文字和名稱，稱為「修所生智」（*bhavanamaya-prajna*）。在這個境界，人觀照事物時不會帶著名稱。看見事物時不會。我相信，你所說的看見事物原貌便是指此。在這個層次，我們的所有反省和所有累積的意義都會消失。這是我的理解，不知道是不是符合你的意思。

克里希那穆提 先生，這個我們大概稍後會談到。但你說過，你還有其他問題想問我。

羅睺羅 不錯，感謝你的提醒。這些問題在我心裡存在已久。先生，你知道佛教有所謂的阿羅漢。阿羅漢就是證道的人，他業已解脫，業已自由。這是個眾所周知的稱謂。佛陀的弟子和其他人都常常問佛陀，阿羅漢死了以後會怎麼樣。有個人問：「阿羅漢死了以後還會存在嗎？」佛陀回答：「不會。」「那我們可以說他不存在嗎？」佛陀回答：「不能。」「那我們可以說他既存在又不存在嗎？」佛陀回答：「不能。」「那我們可以說他既不是存在，也不是不存在嗎？」佛陀回答：「不能。存在和不存在這些詞語都不適用於他的狀態。」這種狀態叫作「四句」（*catuskoti*）。「存在」和「不存在」這類詞語都是相對性和二元性，只適用於知識範圍內，只適用於經驗世界。但阿羅漢的死後狀態卻是超越此世間，所以不是二元性的詞語可以派上用場。佛陀老是碰到這問題，而他的回答始終一樣：「你不能說他存在或不存在。」你怎麼看？

克里希那穆提　先生，我們是不是可以把活著和死去的情況放在一起討論？是不是可以討論一下已死或垂死的心靈狀態？以這種方式探問會不會有助於回答你的問題？

羅睺羅　我不知道。

克里希那穆提　你曉得，印度教思想也有阿羅漢的觀念。我沒讀過這方面的書，只是從找我討論的人那裡得知。全世界的人都想在可理解的範圍內探究人死後的情況，想知道有沒有死後生命、有沒有連續性。如果沒有連續性，那生存的意義何在？生命畢竟是一件非常可怕的事情，充滿煩惱、焦慮和恐懼，所以，人如果不能在死後獲得獎賞，那麼當個好人或善人的意義何在？我可以從這個觀點嘗試回答你的問題嗎？還是說，你想知道不帶有自我的心靈狀態是怎樣一種狀態？

羅睺羅 對，那就是阿羅漢的心靈狀態。

克里希那穆提 這就是我想要談的。我們可以朝這個方向討論嗎？

羅睺羅 我想這是一個好方向，因為阿羅漢是沒有任何自我的。

克里希那穆提 那是可能的嗎？我沒有肯定或否定這種可能，只是要探究，透過討論找出答案，而不是相信與否。然則何謂自我？是一個人的名字、形相、身體、生物體。名字把自己等同於身體，某些特徵把自己等同於「我」：我強壯、我弱小、我有好個性、我為人不壞等等。所以，特徵或趨向就被思想等同於我。經驗和累積的知識也被思想等同於我，還有我所擁有的東西，例如我的財產、我的房屋、我的家具、我的太太、我的藏書，也被等同於我。所有這一切，連同暴力、歡樂、恐懼、痛苦，構成了自我。然則，自我的根源究竟何在？獲得的經驗是自我的根源嗎？我要探究的……我們要探究的，是自我的根源，不只是它的表現方式。所以，整個等同過程（identification）——我的房屋、我的名字、我的財產、我的未來、成功、權力、地位、聲望——就是自我的本質。如果沒有等同，會有自我嗎？你明白我的意思嗎，先生？

羅睺羅 明白。

克里希那穆提　那麼，這種等同，這種思想的運動，有可能終結嗎？如果思想沒有說「那是我的家具」，就不會有等同。這種等同讓我們感到快樂、有方向感和安全。所以，自我的根源在於思想。

羅睺羅　不錯。

克里希那穆提　所以死亡就是這運動的結束。還是說，死亡是把這運動延續到下一輩子？你明白我的意思嗎？

羅睺羅　相當明白。

克里希那穆提　何以一個阿羅漢或說一個解脫了的人要等到最後，要等到死亡？[1]我們知道，自我的最根源便是思想，這思想會在時間中運動，在距離中運動，由此到彼地運動，而我們的所有衝突、悲慘和迷茫，都是源於由思想創造的自我。所以，終結思想就是一種在活著中死去的方式。

羅睺羅　對。

克里希那穆提　現在我要問，思想有可能終結嗎？為了終結思想，我們冥想，我們修行，接受所謂禪修的各種折磨。先生，你同不同意我的看法？

1 譯注：這句話不完整。克里希那穆提想問的似乎是「思想難道非要等到死亡才能終結」。

羅睺羅 在大眾宗教裡是這個樣子。

克里希那穆提 不，一般人對這些不感興趣。一般人只想尋歡作樂，對修行不感興趣。但菁英份子卻不同。大概是因為教育、社會環境、經濟地位、環境影響力作祟，他們對修行感興趣。起作用的也許還有宗教，比方說教宗和樞機主教都喜歡搞這一套。所以，我不會說「大眾」宗教才是那個樣子。我們談的是一種人類傾向。每個人都把自我等同於其他東西，比方說上帝、涅槃、解脫（*moksha*）和天國，讓自己落入制約。現在我想要問，人有可能在還活著的時候便終結思想嗎？我不是說生命結束的時候，因為墳墓裡的斷念毫無意義。

羅睺羅 我同意，人不必等到生命結束才能終結思想，佛陀說過一樣的話。當弟子問他，他死後會發生什麼事時，他反問弟子：「何謂佛？佛是他的身體嗎？」他對心理特徵和生理特徵提出和你一樣的質疑。佛教把心理特徵和生理特徵稱為「名色」（*nama-rupa*）。

克里希那穆提 梵文也是這種說法。

羅睺羅 那弟子回答說：「不是，佛不等於佛的身體。」既然活著的佛陀都那麼難以捉摸，更遑論是死後的佛陀。

克里希那穆提　先生，請不要怪我無禮，但我不明白你為什麼要把佛陀拉進來？我們正在談的是人類。

羅睺羅　因為我是從佛陀的觀點提出問題。

克里希那穆提　但我卻是從一個人類的身分想知道死後會發生什麼事，或者說想知道死的意義何在。難道一個人非得是和尚或聖徒才能活在沒有自我的狀態嗎？

羅睺羅　我要問的不是這個。我原來的問題是：什麼事會發生在一個已開悟並因此已解脫的人身上？

克里希那穆提　我絕不會問這種問題。因為不同的人可以有不同的回答。有人說會發生這個，有人說會發生那個，還有人說什麼都不會發生。這樣，你得到的只是一種理論、一種觀念。

羅睺羅　我希望從你那裡得到更多。

克里希那穆提　你希望從我這裡得到……

羅睺羅　不只是理論的東西。

克里希那穆提　如果你想從我身上得到什麼，就必須依我探究的方式探究。我問的問題是：人有可能不用等到生命結束，就過著沒有等同過程的生活嗎？等同過程是思想所導致，而「自我」的結構和本質就是由此產生。我們有可能在日常生活中丟棄等同過程嗎？這才是我的問題，不是人死後會發生什麼。「自我」只是思想的運動，而思想本身非常狹隘。它是一個廣大運動中的一小塊碎塊。既然思想是狹隘和破碎，那它創造的任何東西只能是狹隘和破碎。然則，一個人，不管是你是我還是我們之中任何一個，有可能在還活著時便停止思想的運動嗎？假定我說「有可能」，這種說法對你們會有什麼意義？

伊美加黛．施勒格爾　一旦思想的等同過程和「自我」同歸破碎……

克里希那穆提　不對，不是破碎，是終結。

伊美加黛．施勒格爾　我就是這個意思：終結。

克里希那穆提　當你打破什麼，它會繼續存在。終結了的東西則無法繼續存在。

伊美加黛．施勒格爾　它無法回復原來的狀態，那是一個無可挽回的結束。

克里希那穆提　我想問的只是，假定我說：「對，終結思想是可能的。我知道那是可能的。」那又怎樣？我說的這個對你們會有什麼意義？

伊美加黛．施勒格爾　這正是我希望我們能夠討論的。

克里希那穆提　我就是要討論這個。聽到那個說法之後，你們是會照單全收，還是會認為那是蠢話而不屑一顧，又或者你們會說：「讓我們一起來探究，看看是不是真是如此吧。不是個想法，而是現實生活……（望望在座各人）其他人也說說看法吧！

古迪．納拉楊　羅睺羅博士，我們一直以來都是從佛教的脈絡討論問題。我想請問，佛教文獻裡認為打坐、加行、正行、念住這些修行方式有什麼價值？是認為它們對終結思想非常重要嗎？

羅睺羅　是終結思想還是終結自我？

古迪．納拉楊　比方說「四念住」（*satipatthana*）的角色。

羅睺羅　念住，或是攝心不亂。「四念住」有很多方面，但最重要的一方面是在一切情況中保持覺知、保持觀照。就連我們在這裡討論也是一種打坐。不是像個雕像一樣，盤著雙腿坐在一棵樹下或一個山洞裡才叫打坐，那不是真正的念住，只是表面形式。很多人把那當成打坐。他們不認為我們的討論是一種打坐，但在我看來，我們正在進行最深刻的打坐。「四念住」還包括所謂的「法念住」（*dharmanupashyana*），而後者表示去看、去追隨、去觀察或覺知各種主題、話題、教義和事物的知性面。還有一種打坐方式是把心念放在你所做的每一件事情上，不管你是正在吃飯、走路或說話。這會帶來克里希那穆提所說的結果。

古迪．納拉楊 什麼結果？

羅睺羅 自我的思想過程的終結。

古迪．納拉楊 這是我真心希望能夠達到的。

克里希那穆提 先生，希望你不會認為我對佛陀說過的話無禮或不敬。我沒有讀過他任何教導，也不打算讀。它們也許正確也許不正確，也許虛幻也許不虛幻。它們也許是由弟子結集，而我們知道，弟子常常會把師父說過的一切扭曲得面目全非。所以我才會說，我不想讓任何人告訴我應該做些什麼、怎樣思考。我不以任何人為權威。我說過，作為一個人類，我會感受痛苦、情欲和恐懼。我經歷這一切，探究這一切，最後找出作祟者就是思想。這就夠了。我無須知道世界的各種文獻，因為它們只會阻礙人深入思考。所以，我把所有人說的一切擱在一邊。我碰過基督徒、本篤會僧侶、耶穌會會士、大學者，他們總是引用這個引用那個，認定事情只能是這個樣子不能是那個樣子。你明白我的意思嗎，先生？我希望你不會認為我很無禮。

羅睺羅 一點都不會。我完全同意你的見解，那也是我自己的態度。我提出佛陀的看法只是為了檢驗它。

克里希那穆提 我的探究只以事實為出發點。哲學家或宗教導師的意見並不等於事實。我會痛苦、我會恐懼、我有性需求——這些才是事實。真正重要的問題在於，我們要如何處理這些複雜無比的事實，它們構成我的人生，讓我非常悲慘和不快樂？我以它們為出發點，別人說過什麼話完全不相干。你懂我的意思嗎，先生？我不是要小覷佛陀，我不會有那樣的態度。

羅睺羅　我曉得。我知道你對佛陀懷有最高敬意。我和你持一樣態度，我希望和你一起探究。這就是我提出問題的原因。

克里希那穆提　不，先生。請原諒我這樣說，但你我的態度不太一樣。我是以所有人類的共通點為出發點，不是根據佛陀、基督教上帝或印度教的神或什麼其他團體說過的話。因為在我看來，他們說過些什麼完全不相干。我是因為會痛苦，想要找出終結痛苦的方法，否則我的餘生將離不開七情六欲的折騰。我看出這一切混亂、不確定、不安全和愁苦的根源就是自我。是它製造出各種外部和內部的混亂，包括政治、宗教和經濟的衝突，還有內心的永恆鬥爭，但有可能擺脫這個「我」嗎？所以我才會問：思想是有可能終結的嗎？我說的終結是讓思想沒有未來，是讓一個全新的開始可以展開，不是現在終結了「自我」，稍後又把它恢復過來。

然則，怎樣才能終結思想？這是問題的癥結所在。佛陀想必談論過這個問題。基督教就我所知沒有觸及這一點。它只是教人向上帝、向基督委身。但若是如此，自我會繼續存在。基督教完全沒有探討這個問題，只有印度教和佛教曾這樣做過，大概還有別的宗教有處理過。所以，終結思想是可能嗎？聽到這個問題，一些牧師或精神導師會走過來，告訴你：「那是可能的。只要你等同於基督，或等同於佛陀，思想就會終結。等同於他們，你就會忘記自己。」

羅睺羅 這是基督教的態度。

克里希那穆提 基督教是這樣，印度教也有點是這樣。

羅睺羅 但佛教不是這樣。在這一點，我必須為佛教說話。

克里希那穆提 我曉得。

古迪．納拉楊 我相信，有很大一部分佛教思想已經淪落至這種態度。

羅睺羅 沒錯。但佛教包含許多不同思想學派，而我指的是佛陀本人的教導。

克里希那穆提 你要知道……

伊美加黛．施勒格爾 我們可不可以說，人類有一種等同於他物的自然傾向，常常會自動等同於他物，而這正是我們設法避免的？

克里希那穆提 我只是個普通人。我沒有念過書，沒有念過大學，但我仍然受過很好的教育。我的教育來自觀察世界。我對自己說：「我就是世界，我無異於世界，因為我會痛苦，因為這個可怕的世界就是由我所創造，就是我父母、祖父母和其他人的父母所創造。」我說得對嗎，先生？然則，要怎樣才能終結思想呢？有些人認為方法是打坐、修煉和壓抑。

伊美加黛．施勒格爾 不對。

克里希那穆提 等一等，我說的是**有些人**。有些人主張，應該壓抑思想，不讓自我等同於至高者（the highest），因為後者一樣是思想的運動。還有些人主張，應該止息所有感官。所以他們便齋戒，便禁欲苦行。但我認為上述一類的努力正是自我的本質。我說得對不對？你們明白我的意思嗎？還是說「終結思想」它已經變成了一個觀念，而我們努力去實現它。你們明白我的意思嗎？我不知道自己是不是說得夠清楚。

古迪．納拉楊 你說努力正是自我的本質，那麼，想達到**這種**領悟，我們是不是需要某種前導功夫或初步訓練？還是說它是可以不費吹灰之力獲得。

伊美加黛．施勒格爾 如果我了解無誤，你的意思是說，我們所進行的努力本身適足以帶來虛妄？

克里希那穆提 當一個人展開努力，他便是業已等同於某種更大的東西，要努力去達成。這仍然是一種思想的運動。

伊美加黛．施勒格爾 而且仍然是一種討價還價：如果我做這個，不做那個，就可以得到我想要的。

克里希那穆提 所以我們該怎麼聆聽？你們都是怎樣聆聽的？

伊美加黛．施勒格爾 聆聽什麼？

克里希那穆提 當我說：「任何種類的努力只會加強自我。」你們是怎樣接受這語句的？

伊美加黛．施勒格爾 我是以完全同意的方式接受。

克里希那穆提 不對，不要同意或不同意。你們是怎樣聆聽它的？

伊美加黛．施勒格爾 讓它深印腦海。

克里希那穆提 這種方法不對。

博姆 我們是以「等同於什麼」的方式聆聽它的嗎？我們一般都是透過我們既有的觀念和知識聆聽。

伊美加黛．施勒格爾 所以我們應該不抱任何成見，光是聆聽。

克里希那穆提 不，不是這樣。我們會吃飯，是因為肚子餓。這時，胃所接受的是食物，不是「接受食物」的觀念。所以，你們聆聽的時候可以不帶著「接受什麼」的**觀念**，或不帶有同意、不同意或爭辯的態度嗎？我說的話有可能是對，有可能是錯，但你們可以不在乎對錯，光是聆聽嗎？你們做得到嗎？

伊美加黛．施勒格爾　我認為做得到。

克里希那穆提　當你們那樣聆聽，會有什麼事情發生？

伊美加黛．施勒格爾　沒有事情發生。

克里希那穆提　不，女士，別馬上說「沒有事情」。會有什麼事情發生？剛才，我仔細解釋了思想是怎樣等同於心理特徵、生理特徵和其他東西。你們是怎樣聆聽這番話的？是把它視為一個觀念或一個結論，還是視為一個絕對和不容否定的事實？

羅睺羅　如果要我回答，我會說我把它看成一個事實。我聆聽，我接受，我看見。

克里希那穆提　你是以佛教徒的身分聆聽的嗎？請原諒我這樣問。

羅睺羅　我不知道。

克里希那穆提　不，你必然知道！

羅睺羅　我沒有等同於任何東西。我不是以佛教徒或非佛教徒的身分聆聽你說話。

克里希那穆提　先生，你讀過大量佛陀的話語，又拿他的話和我的話加以對照。所以，你是真有聆聽還是心不在焉？請原諒我這樣問，我沒有指責的意思。你有在聆聽嗎？

羅睺羅　你問我任何問題都無妨。我不可能誤解你，你也不可能誤解我。我沒有這種擔心。

克里希那穆提　我一點都不擔心你會誤解我，因為我自會糾正你。（笑）好，我再問一次：當你聽我說話時，你只是聽見一些觀念、一些語言文字嗎？還是說你沒有加以分析，直接聽進去，並很快看出它是個絕對真理？

羅睺羅　我是那樣說的。

克里希那穆提　真有看見？

羅睺羅　對。

克里希那穆提　如果你有看見，它的作用就結束了。這就好比你看見極其危險的東西，一旦你看出它危險，就絕不會碰它，而它的危險性也就結束了。我不知道你有沒有看見它。

博姆　在我看來，人有一種透過語言文字聆聽的傾向，而正如你說過的，語言文字會引起等同作用。當一個人自以為在聆聽時，等同作用會繼續活動。這是一種障礙，而且非常不著痕跡。

羅睺羅 換言之，語言文字會以干預我們視覺的同一種方式，干預我們的聽覺。

克里希那穆提 不，先生，不是每個人都這樣子。當你告訴我佛陀說過什麼，我在聆聽。我心想：他只是引用佛陀的話，沒有說出我想知道的。你告訴我佛陀說過些什麼，但我想知道的卻是**你**怎樣認為，不是佛陀怎樣認為。因為我們要建立的是你和我的關係，不是你、我和佛陀的關係。我不知道你有沒有看出這一點？

羅睺羅 那表示，你也是帶著另一種思想在聆聽。

克里希那穆提 我聆聽你轉述佛陀的教導。我不知道，我只是在聆聽。你引用佛陀的話，也大概引用得完全正確，但你並沒有向我披露自己，我則有向你披露自己。所以，你我的關係是一種透過佛陀構成的關係，不是直接的關係。我愛我的狗而你也愛牠，這表示，你我的關係是透過那隻狗建立。我不知道有沒有把意思說清楚，但千萬別誤會，我不是把佛陀比作是狗！

伊美加黛．施勒格爾 所以你希望我們以個人的經驗回應你的語句。

克里希那穆提 不對。你所謂的「個人」經驗就是一種所有人的經驗。它不是個人的。

伊美加黛．施勒格爾　但每個人對它都會有自己的詮釋。

克里希那穆提　如果我會痛苦而你也會痛苦，那這種痛苦就是共通的，不是你的痛苦和我的痛苦。但當我們等同於痛苦，它就會變成「我的痛苦」。而我說過，我非得從痛苦解脫不可。但作為生活在世上的人類，我們無法不痛苦……說遠了。

博姆　在我看來，等同問題主要麻煩在它非常不著痕跡。所以，雖然你說了那麼多，等同作用還是繼續存在。

克里希那穆提　當然。

博姆　它看來是內建於我們裡面。

伊美加黛．施勒格爾　這就會引起等同作用可不可能終結的問題。

博姆　等同作用阻止我們自由無礙地聆聽，因為每當我們聆聽，都是透過等同作用聆聽。

克里希那穆提　何謂等同作用？人為什麼會等同於他物，例如汽車、房屋、妻子、兒女、國家、上帝等等。為什麼會這樣？

伊美加黛．施勒格爾　大概是為了變得不一樣。

克里希那穆提　讓我們來探究為什麼。我們不只會等同於外物，還會向內等同於我們的經驗，讓它們變成了「我的經驗」。為什麼人會老是這樣？

博姆 你說過我們會等同於我們的「感覺」（sensations）[2]，這種等同看來非常力量強大。但如果我們**不等同**於我們的「感覺」，還會剩下些什麼？

克里希那穆提 對。當我們聆聽，我們是會把自己等同於說話人正在說話的事實，還是完全不帶等同作用，以至於能夠用一隻完全不同的耳朵聆聽？我們只單單用耳朵聆聽嗎？還是靠全部的注意力？你們明白我的意思嗎？我們是用全部注意力來聆聽的嗎？抑或我們是心不在焉，對自己說：「老天爺，他說的話真是有夠無聊。」但我們可不可能真正全神貫注，除聆聽以外別無其他，包括不起等同心，不會說：「唔，這是一個好觀念，這是一個壞觀念。它是真的，它是假的。」這些想法全是等同過程。我有可能光是聆聽而沒有任何這一類思想運動嗎？當我們光是聆聽，會發生什麼事情？那樣的話，我就會看見這個真理：思想是自我的本質，而世界的所有悲哀都是由自我創造。當我這樣看見，思想的作用就結束了。我們用不著打坐，用不著修行，照樣可以讓思想的作用結束，因為我已經看見了它的危險性。所以，我們可以完全聚精會神地聆聽，好讓自我

2譯注：在本書的用法裡，「感覺」似乎是指對七情六欲的感知，包括對快樂、貪婪、性欲的感知等。這個詞語將一再被提起。

無法存在嗎？我們可以在看待漂亮的天空和其他一切時不把自我帶在身邊嗎？

終結思想就是終結自我，就是砍斷自我的根源——這個比喻不太好，不過先將就著用吧。當我們能夠全神貫注地積極聆聽，自我還能存在嗎？當我們需要一件西裝，我們把它買來穿上便是，有何必要等同於這件西裝？所以，積極聆聽意味著聆聽「感覺」。我說得對不對，先生？餓了，我們就應該吃飯。我們不可能把感官關閉，因為那樣的話就會陷入癱瘓。但當你一開始想：「這食物美味極了，我必須多吃一些。」整個等同作用就會開始。

博姆 在我看來，等同於「感覺」是人類的普遍狀態。我們要怎樣才能改變這一點？

克里希那穆提 先生，這當然就是問題中的問題。人類因為接受教育，幾千年來一直受到制約，一直等同於各種事物，包括我的精神導師、我的房子、我的上帝、我的國家、我的國王、我的女王，沒完沒了。

博姆 這些東西的每一項都帶有一個「感覺」。

克里希那穆提 對，它們都帶有「感覺」。「感覺」現在常被稱為經驗。

羅睺羅 我們是不是應該回到原來的話題？

克里希那穆提　唔，哪個話題？

羅睺羅　我們一開始討論的那個。

克里希那穆提　對，死亡。當自我終結……對，除了最無知的人，以及背負了滿滿的知識包袱的人以外，自我是有可能終結的。當自我終結，會發生什麼事？我指的不是等到生命結束和大腦壞死之後，而是大腦還高度活躍的時候。當自我不再存在，會發生什麼事？我們要怎樣找出答案？比方說X已經徹底終結自我，他的自我已經徹底不存在，不會在未來什麼時候再次冒出來。然後他告訴我：「沒有自我的心靈狀態和原來迥然不同。」聽到這個對我有什麼好處，或說對在座任何人有什麼好處？他說：「對，終結思想真的是可能的。這會帶來一個完全不同的世界，一個完全不同的向度。那不是一個感官的向度，不是一個思想投射的向度，而是全然不同的東西。」聽到這個，我當然可以認為他是神經病或吹牛或騙鬼，但我仍然想知道他說的是不是真的。我想知道這個不是因為他說了些什麼，而是因為想知道。我想知道，作為生存在一個極度醜惡和暴力世界裡的人類，我是不是可能不帶著自我地活著。我想知道這個不是為了滿足知性興趣，而是發自全部的熱情。於是我就開始探問：為什麼我們要等同於名字和形相，難道一個人到底是甲還是乙還是丙真有那麼重要嗎？於是我就極其小心謹慎，不去等同於任何感覺、觀念或國家。你懂我的意思嗎，先生？

這是有可能做到的嗎？不是模模糊糊或偶爾做到，而是用全部熱情找出答案。這表示我必須把一切放在它們各自的正確位置。我必須活著，必須吃飯，但不會等同於這種或那種食物。我光是讓自己吃飽，這就夠了，因為這樣，食物就會得以安頓。我們還有其他各種生理需要，包括性衝動。誰可以告訴我如何安頓它們？是我的精神導師？是天主教的教宗嗎？如果是那樣，我就是等同於他們，因為是他們在幫助我安頓所有事情，但那根本是瞎說。教宗不能告訴我如何安頓我的性生活。他會說：結婚吧，不要離婚，婚姻是你和上帝雙方的締結，諸如此類。這樣，我就會被困住。為什麼我要服膺教宗、精神導師、聖典或政治人物的說法呢？所以我必須自己去安頓性衝動和金錢。性衝動是我們最威力強大的生理需要之一，但宗教人士卻叫我們斷了它、壓抑它，發誓守貞禁欲。我說：抱歉，你們說的話對我毫無意義。所以我想自己去安頓它。但我要怎樣安頓？

我已經找到了關鍵。關鍵就是不等同於「感覺」——用現代語言來說，就是不等同於「經驗」。所以我得要有性經驗，對吧？等同於「感覺」會創造出自我。然則，不等同於「感覺」是可能的嗎？我們有各種「感覺」，例如我會餓，會有性衝動，後者又比前者更威力強大。所以我必須掌握它的關鍵、它的真理。所以我就去感覺性衝動，然後得知，它的真理就繫於不去等同。當我們真正看見這真理，那性愛、金錢和其他一切就會各得其所。

羅睺羅　換言之，你是不帶著自我去看。我這樣說正確嗎？

克里希那穆提　不對。

羅睺羅　等同作用就是自我。

克里希那穆提　不對。等同於「感覺」會讓人建構出自我，這是一個真理，對不對？它是一個絕對、不容否定、恆久不變的真理嗎？還是只是被我接受為真的一個觀念，是我明天可以改變看法的？但有一件事卻是不容否定的，那就是我們必須要有錢。有了錢我們就有自由去做我們想做的，比方說性、旅行，金錢也會讓你感覺權力和地位。所以我們不能沒有錢，卻不能等同於金錢。明白嗎？

博姆　這表示要終結對一切的欲望。

克里希那穆提　不對。到最後，欲望的意義會變得非常非常小。但那不表示我只是一棵槁木般的植物。

博姆　你是不是說，等同作用會過度放大欲望的意義？

克里希那穆提　當然。所以，當我們使一切各得其所——這不是我主動去做的，而是在我看到真理之後自然發生的——它們就會各安其位，對不對？不，我不能說那是「對」或「不對」。

羅睺羅　確實不能。我明白你的意思。

克里希那穆提　那麼，思想的位置何在？它有任何位置可言嗎？我們說話時必然需要使用語言文字，而因為語言文字總是與記憶相連，所以裡面總是有思想……我自己不是這樣。我說話時只會運用極少思想，但現在不談這個。所以思想是有一個位置的。當我們必須趕火車，必須去看牙醫，必須做什麼的時候，思想是有它的位置的。但它在等同過程中卻是沒有位置的。不知道你們是不是聽懂？

古迪．納拉楊　你是不是說，當等同過程沒有了思想，就會失去力量？

克里希那穆提　不是，它沒有失去力量。

古迪．納拉楊　還是說它根本不會發生。

克里希那穆提　不是。我剛剛說過，關鍵在於看見真理：等同作用會帶來自我的結構和本質，而自我會製造出無數問題。關鍵是看見這個真理和讓它活在你們裡面——讓它活在你們的呼吸裡、食道裡、血液裡。這樣，思想就會得到安頓。而金錢和性愛，不是那個「自我」……

伊美加黛．施勒格爾　也會各安其位。

克里希那穆提　現在我想再深入一點。

古迪．納拉楊　如果這個直悟或真理威力強大……

克里希那穆提　不對。你用了「威力強大」這個字眼。

古迪．納拉楊　是的。

克里希那穆提　它不是威力強大。

古迪．納拉楊　它擁有自己的力量。

克里希那穆提　不對，這些字眼都不合適。

古迪．納拉楊　如果真理沒有力量，思想就會自行其是。

克里希那穆提　不對，真理不擁有力量。

博姆　你是說，是等同作用讓思想幹出各種錯事？

克里希那穆提　不錯，是等同作用讓思想幹出各種錯事。

博姆　否則它就毫無問題。

克里希那穆提　否則思想就會得到安頓。

博姆　在沒有等同作用的情況下，自我是空的嗎？是毫無內容的嗎？

克里希那穆提　只有「感覺」存在。

博姆　一些沒有被執著為「我」的「感覺」。

克里希那穆提　對，沒有被執著為「我」的。

古迪．納拉楊　被思想執著為「我」？

克里希那穆提　沒有被執著為「我」的！

博姆　你是說它們只會來來去去？

克里希那穆提　對，只會來來去去。

博姆　在裡面或外面來來去去？

克里希那穆提　裡面。

古迪．納拉楊　你是不是還暗示，這過程是不會倒退的？

克里希那穆提　當然不會。當你看見最危險的東西，你不會走前一步或退後一步，因為它太危險，讓你不敢動彈。現在讓我們回到一開始的問題。這種狀態是死亡嗎？就一般的理解，死亡意指腦細胞等等的壞死，對不對？這時，身體會壞死，器官會壞死。連帶「感覺」亦會熄滅。

博姆　「感覺」會隨身體的死亡而熄滅。所以人死後不會有「感覺」。

克里希那穆提　對。現在我要問：有沒有人可以活在「感覺」裡，又能充分覺知的？他是活著的，但又沒有等同於「感覺」，所以已經把自我攆走。如果這可以稱為「死亡」，那有沒有人可以每天活在死亡裡？

羅睺羅　有。

克里希那穆提　其他人也說說看法吧。

羅睺羅　我明白你的意思。

古迪．納拉楊　佛教是不是大量談到內觀（*vipassana*）[3]？直悟是不是一種可以為我們所用又不會退卻的東西？

羅睺羅　克里希那穆提談到的直悟正是指內觀。

古迪．納拉楊　直悟可以持續不斷而不指涉時間嗎？

克里希那穆提　別用「持續不斷」這種形容。

古迪．納拉楊　所有直悟都是一個片刻的過程。

克里希那穆提　在你得到一個直悟那一刻，它就結束了。

3 譯注：這個佛教觀念一般中譯為「內觀」。

羅睺羅　你一看見它，它就結束了。

克里希那穆提　我對自我的整個性質得到過一個直悟。

羅睺羅　他正是這麼說的。

古迪．納拉楊　它是完整的，否則它就不是直悟。

羅睺羅　直悟本身是完整的，不會開倒車。當你曾經看見，你便是已知道。

伊美加黛．施勒格爾　是誰看見？這些字眼總是讓我們陷入麻煩。

羅睺羅　不會，這只是語言的不足夠作祟。離開了觀看（seeing），是沒有所謂觀看者（seer）的。

博姆　你認為直悟會轉化一個人嗎？

克里希那穆提　這是我們幾天前討論過的。直悟會轉化的不只是心靈狀態，連腦細胞本身都會發生改變。

羅睺羅　絕對是這樣。

博姆　因為腦細胞發生了變化，我們在行為上也會變得不同。所以我們無須反覆直悟。

羅睺羅　人的整個身心系統會隨之改變。

克里希那穆提　先生，要小心，因為情形有可能是你說的那樣，也有可能不是。我還剩下「何謂死亡」的問題未處理。自我的終結就是死亡嗎？在「死亡」一詞的日常意義下，自我的終結顯然不是一種死亡，因為當事人的血液還會循環，大腦還會運作，心臟還會跳動。

博姆　整個人還是活的。

克里希那穆提　不錯，但因為不再有任何等同作用，他的自我不復存在。這是一種神奇的經驗。這時，你不再等同於任何東西，不管那是經驗、信仰、國家、觀念、理想、妻子、丈夫、愛情。這些等同通通都沒有了。這是一種死亡嗎？有些人覺得這種狀態很可怕，他們說：「老天，如果我不能等同於一些什麼，豈不是什麼都不是？」他們害怕會變成什麼都不是，所以要等同於一些什麼。但因為「什麼都不是」不是一種事物，所以是一種非常不同於一般的心靈狀態。那是一種活著中的死亡，當事人繼續有「感覺」、有心跳、有呼吸，大腦活躍而完好無損。我們的大腦本來都是受損的。

博姆　這損壞有可能治療嗎？

克里希那穆提　有直悟就可以，而這正是我接著要談的。我們的大腦已經受到損害。過去幾千年來，我們一直受到心理上的傷害，而因為這傷害被記憶在大腦裡，我們的大腦也受到傷害。基督教或佛教的宣傳都造成了傷害。所以我們的大腦處於受損狀態。要治療這損害，方法是非常仔細地聆聽，然後從聆聽的話語得到直悟，這樣，腦細胞會即時發生改變。由此，我們會徹徹底底擺脫等同作用。擺脫等同作用的狀態是一種愛的狀態嗎？我以前就提過這個問題。佛教文獻裡有大量關於慈悲的談話。它們教導人應該慈悲，不要殺生，不要傷害眾生。愛在慈悲中的位置何在？我們愛一個人、愛一頭狗、愛一塊石頭、愛一隻流浪貓、愛雲、愛樹、愛大自然、愛建築師蓋的房子、美麗的東西、磚塊。愛它們就是不等同於房屋、磚塊。生死相續流轉（這就是愛嗎？），在其中沒有執著。

羅睺羅　確實如此。

克里希那穆提　然則愛的位置何？當我們愛一個女人，這種愛的位置何在？拜託別把它和性歡愉混為一談。當我們真正愛一個女人，這種愛就不會是只針對我們所愛的女人而發。那是一種大愛（global love）。不知道你有沒有看見？

羅睺羅　完全看見。

克里希那穆提　不要只是同意我，先生。

羅睺羅　不，我不是只是同意你，我是有看見。

克里希那穆提 愛在慈悲中的位置何在？還是說兩者是一樣的？

羅睺羅 不一樣。

古迪．納拉楊 為什麼你說不一樣？

羅睺羅 慈悲只是針對受苦的人而發。愛則沒有這種揀別。我們既可以愛受苦的人，也可以愛不受苦的人。

古迪．納拉楊 佛教對慈悲和愛有不同稱呼嗎？

羅睺羅 不錯，慈悲是*karuna*，愛是*maitri*。愛的涵蓋對象要多於慈悲。

克里希那穆提 先生，愛是可以不帶等同作用的嗎？換言之是不暗含自我、不暗含執著的嗎？

羅睺羅 真愛就是那樣。

克里希那穆提 不，先生，我是問你，當你以人類的身分而非佛教徒的身分去愛一個女人、一個小孩、天空、一顆石頭或一隻流浪狗時，你可以不等同於你的「感覺」嗎？他們都會痛苦。女人會痛苦，小孩會痛苦，流浪狗過的生活更是可怕，整天被人追被人踢。沒有等同作用的話，你會愛那隻狗，會對那隻狗有慈悲嗎？慈悲對你來說會不會只是一種觀念？你會慈悲，會不會只是因為你一直認定，你必須對受苦的人或窮人慈悲？

博姆　我想請問，我們不可能去愛一個沒有痛苦的人嗎？假定真有人不會有痛苦的話。

克里希那穆提　假定他快樂得要命？假定他寫了本好書，賺了很多錢，過得悠哉悠哉？

博姆　我不完全是這個意思。我們大可以說那個人還是潛藏著痛苦。

克里希那穆提　這正是我想探究的。

博姆　但假定人類可以擺脫痛苦，那還有愛存在嗎？

克里希那穆提　會不會有一種愛是不需要痛苦的？還是說，你問的是，一個人是不是必須經歷痛苦方能去愛。

博姆　這倒不必。

克里希那穆提　這是你的說法裡所隱含的。

博姆　有一種意見認為，不管別人是不是身陷痛苦，你都應該愛他們。但在佛教徒的用法裡，慈悲只是針對身陷痛苦的人而發。

克里希那穆提　這是我不認同的。

古迪．納拉楊　我不太認為*karuna*（慈悲）只是針對受苦的人而發。我認為它的適用範圍要更寬些。

羅睺羅　不對，佛教有所謂的「四梵住」（*brahma-viharas*），即「慈」（*maitri*）、「悲」（*karuna*）、「喜」（*mudita*）、「捨」（*upeksha*）。慈心同時針對受苦和非受苦的人而發；悲心只針對受苦的人而發；喜心是針對快樂的人而發，即見人喜己亦喜——實則無此喜心——；捨心則是一種寂然不動的心境。稱它們為「四梵住」，是為最崇高、神聖品質。對照這種分類法，你所說的「愛」比「慈悲」要廣闊。

克里希那穆提　我還沒有進入慈悲的話題，先生。我只是想知道，作為一個人，當我愛什麼的時候，例如愛一隻狗、愛煙囪、愛雲、愛漂亮的天空等等，我是不是不帶等同作用的？我想要的不是理論，而是**事實**。我不想用理論或觀念愚弄自己。我想知道，當我愛一個女人、一個小孩、一隻狗或一棟房子時，我沒有在心裡說：「牠是我的狗，她是我太太，他是我兒子，這是我的房子，那是我的磚頭。」我要實在的東西，不要抽象的。

伊美加黛．施勒格爾　對，去掉對「我」的等同便可以。但只要「我」繼續以「自我」的身分行事，便不可能去愛。

克里希那穆提 不對，女士。我們說過，重點是要看見這個真理：等同作用會孕育出自我，而自我是一切煩惱痛苦的根源。

伊美加黛．施勒格爾 如果我有看見這個真理……

克里希那穆提 我說過，這是一個絕對的、無可否定的真理，它就存在於每個人的血液裡。我們不可能把血液除掉。它就在那裡。

伊美加黛．施勒格爾 如果我看見這個真理，我就會不能自已地去愛。

克里希那穆提 妳跳太快了！別說「我會不能自已地去愛」。先告訴我妳**會不會**去愛？

羅睺羅 如果我們有看見的話。

克里希那穆提 不對。你有沒有**看見**等同作用是自我及其思想等等的根源？所以它是一個絕對的事實，也是一個危險的事實，就像響尾蛇，就像危險的動物，就像懸崖，就像毒藥。所以當你看見等同作用非常危險，就絕不會再去等同。這時，你和世界、大自然、妻子、兒女會是什麼關係？會不會，當你去掉了等同作用之後，反而變得漠不關心和麻木不仁？

羅睺羅 那是一種非常自私的態度。

克里希那穆提　不，不是自私。會不會發生我所說的情形？

羅睺羅　不會。

克里希那穆提　你不能光說「不會」。為什麼不會？如果你的理解只停留在知性層面，就會發生那樣的情形。

伊美加黛．施勒格爾　如果理解只停留在知性層面，它掌握到的就不是真理。

克里希那穆提　那只是個理想。

羅睺羅　那就是沒有看見。

克里希那穆提　不對，先生。我在問的是這個：對我們來說，不等同（nonidentification）會不會只是一個理想、信仰或觀念，以至於我們和我們的狗、我們的太太、我們的女兒的關係只停留在非常膚淺的層次？要知道，只有把等同作用從生命絕對砍掉，一個人才不會再麻木不仁。因為等同作用是真實的。

我們還沒有解決何謂死亡的問題。不過再五分鐘就一點，我們先吃午餐吧。

羅睺羅　下午我還有更多問題要請教你。有一籮筐問題。

克里希那穆提　好，到時我們逐一討論。

【第三回談話】

自由意志、行動、愛、等同作用和自我

一九七八年六月二十三日於布洛克伍德帕克

古迪．納拉楊　我建議羅睺羅博士把要問的問題先說一遍，好讓我們對討論的範圍有個梗概。我自己也有一兩個問題要問。

羅睺羅　為什麼你不先問？

古迪．納拉楊　我的問題和龍樹在第二世紀發展出來的大乘佛教有關。龍樹可以說是最偉大的佛教思想家，對「空性」有非常多的討論，而「空性」和「直悟」的關係非常密切。我相信後來的佛教思想全都受惠於龍樹的「空性」觀念。我想可以這樣說：沒有「空性」就沒有「直悟」。他也說過：我們不理解外面（outer）就無從進入裡面（inner）。他還說過一句看似自相矛盾的話：生死（samsana）即涅槃（nirvana），涅槃即生死。

克里希那穆提　先生，你用了一些梵文字眼。在座大概有人懂，但你最好還是先清楚解釋一下。

古迪．納拉楊　「生死」指世間生命，包含它的所有痛苦煩惱——苦（*dukkha*）。「涅槃」是一種自由、極樂和解脫狀態。但龍樹認為二者其實沒有分別，故此說「生死即涅槃，涅槃即生死」。後來的佛教學者透過「緣起」（*paticca-samuppada*）來解釋這一點。「緣起」是指世間的一切莫非環環相扣。就我所知，「涅槃即生死」的見解至今對佛教思想仍有著強大影響力。我希望在我們討論的脈絡裡檢視這種見解。

克里希那穆提　我不明白龍樹這番話。

古迪．納拉楊　要了解他的話，首先要了解「空性」的重要性。

克里希那穆提　「空性」是什麼意思？

羅睺羅　在佛教，「空性」表示虛空。

克里希那穆提　無一物。我知道這個的意思。

羅睺羅　這是「空性」的字面意義。但西方學者認為「空性」的觀念始自龍樹，這卻是不對的。佛陀本人就談過「空」，而龍樹用它來發展出一個思想體系。佛陀原來的說法非常簡單。他的弟子阿難有一次問他：「有人說世間是空（*shunya*），這是什麼意思？世間何種程度上是空？」佛陀答道：「世界因為沒有自我——他用「我」（atta）一詞——沒有一切與自我相關的事物，因而是空。」這是個非常清楚的解釋。在很多場合，他都說過：「看見世界是空，你們便得解脫。」這些都是佛陀的原話。龍樹把這些觀念拿過來，在他的《中論》裡加以發展。他用來解釋「空」的觀念是「緣起」……順道一說，我傾向把 *paticca-samuppada* 翻譯為「緣生」而不是「緣起」。根據這種哲學觀點，一切都是相互依賴，都是相對而非絕對，都是處於因果關係，而因又離不開果，彼此形成一個大連續體。它同時也是時間。龍樹以非常有系統的空性教義開展了這個哲學。克里希那穆提顯然說過一樣的話。他說過，當你看見自我其實不存在，一切問題便會迎刃而解。你的第二個問題是什麼？

古迪．納拉楊　外面和裡面的的關係。

羅睺羅　這正是克里希那穆提和博姆博士在《生命的整全》（*The Wholeness of Life*）一書中，探究「真實」和「真理」或「實在」和「真理」之分時討論過的。相同的哲學立場也見於佛教對「俗諦」和「真諦」的區分。「俗諦」就是通俗意義的真理：包括我們走路、吃飯，舉凡一切處於二元性和相對性中的事情都是俗諦。你不能說我們面前這張桌子是假的，但在另一個意義下，它又不僅止於此。所以，「俗諦」是權宜的真理，「真諦」是絕對、終極的真理。這兩者同樣是分不開的。

古迪．納拉楊　不錯。

羅睺羅　龍樹在《中論》裡清楚指出，凡不能或沒有看見權宜真理的人都不可能到達絕對真理。你的第三個問題是有關涅槃和生死。龍樹在《中論》亦說過：「涅槃即生死，生死即涅槃。」這兩句話我背得爛熟。我得說明，「生死」嚴格說來是指我們存在的連續性。我記得，有一次我在巴黎問過克里希那穆提同樣的問題，當時只有我們兩個人。

克里希那穆提　兩個聰明人！

羅睺羅　不敢當！我問他對龍樹有什麼看法。大出我意料之外的是，他反問我：「龍樹是誰？」我回答說：「他是你的老鄉。」因為一般認為，龍樹是安德拉邦（Andhra）人士。然後我告訴他龍樹的時代背景，指出龍樹大概是佛教歷史上最勇敢的思想家。他問我龍樹修到什麼境界。我說不知道，因為只有討論他思想的作品流傳下來，無法知道他到達哪種境界。克里希那穆提沉吟片刻，然後問我：「佛陀本人是什麼看法？」「什麼都沒說。」「做得對。這種態度正確。因為龍樹把話說得那麼斬釘截鐵，著實讓人懷疑。」

克里希那穆提　我不確定在座所有人都明白那兩句話。

羅睺羅　那可以請你來解釋一下嗎，先生？

克里希那穆提　可以請**你**更清楚地解釋 *samskara*（行）是什麼意思嗎[1]？

羅睺羅　*Samskara* 是另一回事。「生死」的字面意義是流轉。

克里希那穆提　那 *samskara* 又是什麼意思？

羅睺羅　指心靈建構物，指我們所有的思想過程。

克里希那穆提　過去。

1 譯注：克里希那穆提把 *samskara* 和 samsara（生死）混為一談。

羅睺羅 思想過程是屬於過去。

克里希那穆提 我懂了。

羅睺羅 我們的「行」就是我們的記憶、知識、學問，諸如此類。

克里希那穆提 就像一個老是生活在回憶往事中的老人。

羅睺羅 但「生死」是一種連續性，而涅槃是……

克里希那穆提 是什麼不重要。

羅睺羅 不管涅槃是什麼，佛陀從未從正面定義涅槃。每當有人向他提出一個可能的定義，他總是說：「不是，這個不是涅槃。」

克里希那穆提 古迪．納拉楊，你的問題問完了嗎？先生，輪到你了。你提的問題最好是和他所說的有關。

羅睺羅 不，我的問題是想要問你的。我有很多問題想問，但時間不多了……

克里希那穆提 我們還有充裕的時間，先生。

羅睺羅 我想問的一個問題和自由意志有關。在西方哲學，自由意志扮演一個非常重要的角色。但正如古迪．納拉楊先生剛才提到，佛教哲學認為一切都是因緣所生，如果真是如此，自由意志便不可能有存在餘地。因為那樣的話，我們的所有思想、工作和知識便都是受到制約。所以，即便自由意志存在，它擁有的也只是相對自由而非絕對自由。這是佛教的立場。我想問問你的看法。

克里希那穆提 那我們就來談談吧，先生。何謂意志？你都是怎樣理解意志？

羅睺羅 人用意志來決定事情，決定自己想要些什麼。

克里希那穆提 不，我想知道的是意志的起源，為什麼我們會想要這個，不想要那個？意志的意義何在？

羅睺羅 意志的意義是讓我們想要得到某種東西。

克里希那穆提 不對。但我們先假定是這樣。意志不是一種欲望嗎？

羅睺羅 對，它是一種欲望。

克里希那穆提 所以，所謂的意志就是高強度的欲望。

博姆 在我看來，我們是用意志來下決心，用它來固定我們欲望的對象。我們說：「我決定了。」

克里希那穆提 意志裡有決心。

博姆 意志可以讓心靈固定住。

克里希那穆提 我欲望某件東西，並努力獲得它。這努力的動機是欲望。所以意志是欲望，對不對？

羅睺羅 是欲望的一種形式。

克里希那穆提 欲望有可能是自由的嗎？

羅睺羅 這正是我想問你的。我知道你不喜歡談這個，但我還是想要提出來。

克里希那穆提 欲望永遠不可能自由。它只能改變它想要的對象。例如，我今天欲望某件東西，把它買下來，但明天卻會欲望別的東西。所以，欲望是固定的，被欲望的對象卻會有變化。既然意志是欲望，它怎麼可能是自由的？

羅睺羅 不可能。

克里希那穆提 我們老認為自己有自由意志，只是因為我可以在這物件和那物件之間選擇，愛去英國旅行便去英國，愛去法國旅行便去法國。所以，自由意志的觀念會出現，是因為人有選擇的自由。但「選擇」又是什麼？我可以在藍色牛仔褲和紅色牛仔褲之間選擇，在這輛車和那輛車之間選擇，但我為什麼要選擇？我本來是天主教徒，後來改信佛教禪宗，我也可以是個禪宗佛教徒，然後改信其他宗教。人為什麼有必要選擇？我為什麼要放棄天主教，改信別的宗教？是因為我經過研究，發現它不好，別的宗教比較好。所以，選擇只存在於心靈看得不透澈的時候。當它變得透澈，就無所謂選擇。對不對？

羅睺羅　我想你已經回答了我的問題。

克里希那穆提　還沒有全部回答。

博姆　我想西方哲學家可能不同意你的觀點。

克里希那穆提　他們當然不同意。

博姆　他們會說，選擇不是欲望，意志也不是欲望，而是別的東西。這是我的印象。

克里希那穆提　不錯，意志是別的東西。

博姆　意志是一種自由行為（free act）。

克里希那穆提　意志是繼承而來，是遺傳過程的一部分。

博姆　例如，就我的有限所知，天主教哲學家也許會認為，當亞當犯罪，他就是用意志做了一件錯事，做出了一個錯誤選擇，讓後代子孫成為如今的樣子。

克里希那穆提　你看，這真是一個解釋一切的便利方法。先是虛構出亞當和夏娃，虛構出毒蛇和蘋果，還有上帝，然後把一切歸咎於原罪。

羅睺羅　對，其中真有很多人為斧鑿的痕跡。

博姆　我想，如果仔細觀察，我們就可看出，意志是欲望的結果。但有些人把意志看成完全不同的東西。

克里希那穆提 對，把它看成某種神聖東西的一部分。

博姆 很多人都是這樣。

克里希那穆提 認為它是衍生自一個神聖存有（a divine being）[2]。

羅睺羅 這是一種西方思路。

克里希那穆提 多多少少是這樣。我對西方哲學所知不多，但我從找我談話的人身上得到一種印象：意志不盡然是人性，不盡然是一種欲望，不盡然是你長養出來的。它是誕生自原罪，誕生自一個太初上帝，諸如此類。但如果我們把這些假設推開，這些假設問題重重又充滿迷信，那麼，什麼是意志？什麼是選擇？有什麼行為是不包含意志和選擇的？你們明白我的意思嗎？這是癥結所在。有任何行為是不包含意志的嗎？我不知道佛陀就這方面說過些什麼。

古迪·納拉楊 你認為直悟和意志完全無關嗎？

克里希那穆提 老天，直悟跟意志、欲望或記憶都無關。

古迪·納拉楊 所以直悟不牽涉意志，亦無法分析。

2 譯注：指上帝。

羅睺羅　對，直悟就是看見。這看見不牽涉選擇、不牽涉判斷，也不牽涉道德。你光是看見。

古迪．納拉楊　所以直悟不是意志的結果，也不是分析的結果。

羅睺羅　不是。

克里希那穆提　太理論化了。你們弄得太理論化了。

古迪．納拉楊　因為透過分析⋯⋯

克里希那穆提　抱歉，先生，你們太理論化了。你們定義什麼是直悟、什麼不是直悟，就像你已經得到過直悟。

古迪．納拉楊　沒有，我不認為自己得過直悟。

克里希那穆提　那又為什麼要討論它呢？

古迪．納拉楊　因為我們一直在討論直悟。

克里希那穆提　不對，古迪．納拉楊，我們正在討論的是有沒有行為是不牽涉選擇、不需要意志的努力。有這樣的行為存在嗎？我不確定。

羅睺羅　有這一類行為存在。

克里希那穆提　你是真的知道嗎？或那只是你的理論。原諒我這麼問，因為我必須弄清楚。我不是無禮，我一點也不想被捲入理論、觀念、推論，只想從親身體驗得知答案。我想知道的是，有任何行為是完全不牽涉意志，也因此不牽涉選擇的嗎？所以說，什麼是沒有意志、選擇、欲望的正行？既然意志是欲望的一部分，我們想要找出上述問題的答案，不是必須先把欲望的性質弄得非常清楚嗎？欲望是「感覺」（sensation）的一部分，而思想則把自己等同於「感覺」，由此建立起自我。然後那自我說：「我必須這樣，我必須那樣；我想要這樣，我想要那樣。」

所以，讓我們試試看，可不可以找出一種不以理念、欲望和意志為基礎的行為。我不是指「自發性」行為[3]，「自發性」這個詞相當危險，因為沒有人是自發性。有人認為他們可以自發地行為，但並沒有這回事，因為想要自發地行為，一個人必須是完全自由。回到原來的問題：有沒有行為是完全不牽涉意志的？我們大部分行為都有一個動機，對不對？而動機意味著活動：我想蓋一棟房子、想要某個女人、想要報復別人對我的身體或心理傷害等等。所以，在日常生活中，我們的行為背後總有一個動機。行為受動機制約，動機是等同過程的一部分。所以，如果我明白了——不是那個「自我」明白了——「是等同過程創造出自我的整個結構」這真理，那會不會就可以讓一種不是生於

3 譯注：大概指完全不經過思考的行為。

思想的行為出現？我不確定。[4]你們怎樣看？

博姆　在討論這個之前，我想先請教，等同作用為什麼會生起？它為什麼會那麼無所不在？

克里希那穆提　為什麼思想要等同他物？

博姆　等同於「感覺」和其他東西。

克里希那穆提　為什麼要等同於其他東西？

博姆　特別是「感覺」。

克里希那穆提　對，「感覺」。你們來回答吧，諸位都是專家。

古迪．納拉楊　是因為思想有等同於什麼的本性嗎？但會不會有某些種類的思想不傾向等同於「感覺」？

克里希那穆提　古迪．納拉楊，請容我以最有禮貌和最尊重的方式問你，你為什麼要提這個問題呢？我想知道你為什麼要插入這個問題。這是一個理論問題還是實際問題？納拉楊，為什麼你要等同任何東西？

古迪．納拉楊　讓我換個方式說……

4譯注：克里希那穆提說他「不確定」或「不知道」的時候常常不是表示他真不知道。那只是一種鼓勵討論的方法。

克里希那穆提 不，我不會改變方式。

古迪·納拉楊 我們唯一能夠等同的只有「感覺」。除了「感覺」，我們沒有別的東西可以等同。

克里希那穆提 為什麼我們要那麼看重「感覺」？因為我們只是一個感覺體（sensate being），別無其他？

古迪·納拉楊 不是。

克里希那穆提 不是的話又是為什麼？

古迪·納拉楊 如果我們必須等同於什麼，便只能等同於「感覺」。

博姆 等同作用包含二元性嗎？

克里希那穆提 對，等同作用包含二元性：一是等同者（「我」），一是被等同者。

博姆 我們有可能透過等同作用——透過說「我無異於……」——克服二元性嗎？

克里希那穆提 我不想被捲入理論的領域。我對理論一點都不感興趣。但我真的想要透過探究、透過一起討論，找出有沒有一種行為是不帶有「自我」。我自己大概已經找到答案，但今姑且不論。我希望在日常生活裡就得到解脫，不是等到涅槃。我希望在我活著的這輩子便得到自由。那表示，我（心靈）必須找出一種沒有原因的行為（這裡的

「原因」意謂「動機」)、一種不是因果系列導致的行為。只要有因果系列存在，行為就總是被束縛住、被綁鎖住。我說得夠清楚了嗎？有那樣的行為存在嗎？

博姆　在我看來，只要我們處於等同他物的狀態，就不會找到這類行為。

克里希那穆提　不錯，這就是為什麼我會說，只要我們一天等同於他物，就一天不會找到答案。

博姆　但為什麼思想要等同於他物？

克里希那穆提　為什麼思想要等同於「感覺」？

博姆　那是不可抗拒的嗎？還是說我們可以推開？

克里希那穆提　我不知道那是不是不可抗拒，或它是不是「感覺」的一部分。

博姆　怎麼會這樣？

克里希那穆提　讓我們來探究吧。

博姆　你認為是「感覺」在作怪？

克里希那穆提　大概。當我說「大概」兩個字時，不表示「我不知道」，而是表示「讓我們一起來探究吧」。然則，「感覺」為什麼會對人變得那麼重要？我們有種種感官，包括性欲、權力欲望、名利欲、控制欲等，它們通通都是壓力。為什麼思想會向這些壓力屈服？

博姆　「感覺」必然會產生壓力嗎？

克里希那穆提　當它們被等同於自我就會那樣。

博姆　對，但接著它們就會。

克里希那穆提　我知道，但讓我們先進行探究。我們所說的「感覺」是什麼意思？

博姆　這個嗎，我們有感官，也可能能夠記得快樂。

克里希那穆提　感官。眼耳鼻舌身。

博姆　它們會讓我們產生經驗，這些經驗也會留在記憶裡。

克里希那穆提　不對，我們會有記憶只是因為我們等同於經驗。

博姆　我同意。

克里希那穆提　如果等同作用沒有生起，則經驗只是經驗。但思想為什麼會把自身等同於經驗？

博姆　理由還不清楚。

克里希那穆提　我們來把它弄清楚。

博姆　你是不是認為，當「感覺」被回憶起來，等同作用就會生起。

克里希那穆提 對。

博姆 你可以說得更清楚一些嗎？

克里希那穆提 讓我們一起來把它弄清楚一點。假定我們看見一座漂亮的湖，這看見牽涉些什麼？牽涉的不只是視神經，還有所有其他感官，因為我們所有感官都會活躍起來。我們會聞到水的味道、看見湖邊的樹木……

博姆 先等一等。當你一開始「看見」湖的時候，你當然是透過視覺看見。

克里希那穆提 我純然地透過視覺看見。

博姆 所以你的意思是，你的視覺感官已然醒覺，得以看見。

克里希那穆提 對，我只是透過視覺看見。然後會發生什麼事？

博姆 其他感官跟著開始運作。

克里希那穆提 對，其他感官開始運作。但事情並沒有僅止於此。

博姆 然後會發生什麼事情？

克里希那穆提 然後思想會插進來，表示：「這湖好美，我但願可以永遠留在這裡。」

博姆 所以思想會等同於湖。

克里希那穆提 對，因為其中有快樂。

博姆 在什麼「其中」？

克里希那穆提 看見和看見的愉悅。然後思想會插進來，表示：「我必須在這裡蓋一棟房子，這湖是我的。」

博姆 但思想為什麼會這樣想？

克里希那穆提 你是問思想為什麼會介入感官，對不對？要知道，假如感官在感到快樂的一刻便停住，思想就不會介入。但為什麼思想介入了？另外，如果面前事物會讓人感到痛苦，思想就會避開它，不對它產生等同。

博姆 思想會對自己說：「我不想要它。」

克里希那穆提 會走開或假裝看不見。但如果面前事物能讓人快樂，思想就會在感官享受這快樂時介入，把自己等同於面前事物。

博姆 但為什麼會這樣？

克里希那穆提 為什麼？因為快樂。

博姆 但當它看出這樣想有多無謂，為什麼不停止？

克里希那穆提 它要到更後來才看得出來。當它變得痛苦，當它察覺到等同作用會同時帶來快樂與恐懼，便會開始質疑。

博姆　你是說思想在一開始犯了個無心之過？

克里希那穆提　正是。思想錯在等同於帶給它快樂的事物或所在。

博姆　思想想要接管。

克里希那穆提　它想要接管。

博姆　好讓快樂的事物永遠留下。

克里希那穆提　對，永遠留下，而這意味著記憶。包括了對湖邊花草樹木、陽光和湖水的記憶。

博姆　思想一開始犯了個錯誤，後來才發現錯誤，但為時已晚，因為它已經不知道要怎樣停止。

克里希那穆提　它被制約了。

博姆　你可以說明它為什麼不停止嗎？

克里希那穆提　它為什麼不停止是整個問題之所在。

博姆　你可以再說明清楚一點嗎？

克里希那穆提　為什麼思想明白了某種東西具有摧毀性之後，仍然無法將之拋棄？

博姆　對。

克里希那穆提　它為什麼要繼續下去？讓我舉個簡單的例子。現在，假定一個人發現自己心裡受傷。

博姆　他是稍後才發現自己受傷。

克里希那穆提　我只是舉例，是不是稍後才發現並不重要。假定有個人發現自己心裡受傷，又明知那傷將造成更大破壞，他為什麼不立刻拋棄它？如果我心裡受傷，我就會在四周築一圈牆，好讓自己不再受到傷害，這樣，恐懼、孤立和神經質的行為就會隨之而來。思想給自己造了一個畫面，但那畫面卻感到受傷害。這時，它為什麼不會想：「哎呀，老天，原來會這樣子！」然後把它拋棄？這是一樣的問題。因為當思想拋棄那畫面，它就什麼都不剩。

博姆　你在這個說明裡加入了另一個元素：思想會死抓住畫面的記憶不放。

克里希那穆提　想要抓住那些曾創造畫面的記憶不放。

博姆　這些記憶可能會再度創造畫面，思想因而感覺它們非常珍貴。

克里希那穆提　對，記憶確實非常珍貴，所以我們才會看到那麼多人染上懷舊症。

博姆　為什麼會這樣？

克里希那穆提　為什麼思想會把自造的畫面看得那麼重要？

博姆　我們說過，思想在一開始只是犯了一個小錯。思想創造了一個快樂的形象，而這畫面後來變得非常重要、非常珍貴，是思想無法拋棄的。

克里希那穆提　對，但它為什麼無法拋棄呢？如果思想拋棄快樂，它還會剩下什麼？

博姆　它看來無法回到剛開始的一無所有狀態。

克里希那穆提　對。那是毫無雜染的狀態。

博姆　思想無法回到那狀態。

克里希那穆提　是沒辦法，因為思想和其他東西的緣故。

博姆　我想，快樂對思想來說已經變得太過珍貴，光是想到要拋棄快樂便足以讓思想感到痛苦。

克里希那穆提　對，拋棄快樂會讓思想痛苦。

博姆　所以思想採取逃避策略。它不願面對痛苦。

克里希那穆提　對，所以思想就死抓著快樂不放，打算等到較美好的快樂出現才放手。

博姆　但情況不會改變。

克里希那穆提 當然不會。

博姆 思想看來落入了一個自造的陷阱。它最初只是單純地記憶快樂，然後把快樂看得越來越重要，然後變得無法拋棄快樂。因為拋棄快樂會帶給它很大的痛苦。

克里希那穆提 因為那樣做它將會一無所有，它感到驚慌。

博姆 但它在一開始也是一無所有，但那時候它不會驚慌。

克里希那穆提 不錯。

博姆 但此時它卻對一無所有驚慌。

克里希那穆提 對，一開始的時候並不驚慌。這裡的「一開始」是指人類出現的一開始。有人質疑這一點嗎？

博姆 大概沒有。

克里希那穆提 還可追溯到猿類出現的一開始。

博姆 你看似認為這現象的歷史非常悠久。但不管怎樣，思想都在自造的陷阱裡越陷越深。

克里希那穆提 我們的大腦非常古老、受到制約，思考事情總是以快樂和痛苦為著眼點。

博姆　據說古老的大腦也是大腦的情緒產物。

克里希那穆提　當然，情緒面、感官面，通通都是。我們談到哪裡了？

博姆　我們談到人類的大腦持續受到快樂畫面的記憶制約，不願意放棄它，害怕這樣做。

克里希那穆提　所以它就死抓住它知道的。

博姆　死抓住它知道和對它來說非常珍貴的東西。

克里希那穆提　它不知道這東西將會帶來恐懼。

博姆　即使知道還是會死抓住不放。

克里希那穆提　它寧可逃避恐懼，希望快樂持續下去。

博姆　但我想思想最終會變得不理性，因為它創造出的壓力讓大腦變得不理性，無法清楚思考。

克里希那穆提　對。我們又說遠了，博姆博士。我們一開始是探問：有沒有一種行為是沒有動機、沒有原因、完全沒有自我介入？當然有這樣的行為。那時自我尚未產生，換言之是等同過程尚未出現。那時我們有的只是看見一座湖的美，而這就夠了。所以我們不應該培養記憶。記憶是從等同過程發展出來的，對不對？

博姆 這會讓人想問，怎樣才能停止等同作用的發生？

克里希那穆提 我不認為有「怎樣」的問題。「怎樣」意味著打坐、修煉、守戒。但做這些事會讓心靈……原諒我這樣說……變得機械化和呆滯，完全無法接受任何新事物。

伊美加黛・施勒格爾 如果修煉只是一種有樣學樣，當然會發生你說的情形。

羅睺羅 當修煉淪為有樣學樣，心靈就會變得機械化。

克里希那穆提 妳所謂的「有樣學樣」是什麼意思？

伊美加黛・施勒格爾 如果你告訴我，只要每天把手放在地板上三次就會產生什麼效果，又如果我不去思考或不問你理由便照做，我的行為便是機械性的。但如果我問過理由才照做，便不算……

克里希那穆提 妳說別人叫妳做什麼，妳會先問理由。但換成是我，我不會問理由，因為我根本不會照他說的去做。我不接受任何人指揮！你們記得那個愛貓高僧的故事嗎？他有一隻愛貓和許多弟子，每天早上集體打坐時會把貓放在大腿上。他死後，弟子們打坐前都到處找貓。

羅睺羅 我聽過一個不同的版本。弟子們必須把貓綁住，以免牠擾亂打坐。

克里希那穆提 同一回事。我們的心靈已經多多少少機械化。與其從事那些也許會讓人機械化又也許不會的修煉，不如去探究我們為什麼會變得機械化？

伊美加黛．施勒格爾　修煉不一定不管用。先前有些人曾靠著修煉開悟……

克里希那穆提　我沒看到過。

伊美加黛．施勒格爾　或說看來像是靠著修煉開悟。

克里希那穆提　我不知道有任何人開悟過。

伊美加黛．施勒格爾　他們的狀態看起來很像開悟。

克里希那穆提　妳看見，而妳接受。

伊美加黛．施勒格爾　我把它當成一種可能性來接受。

克里希那穆提　我不知道。我都是靠自己。我不會以開悟的人為榜樣。他們也許只是騙自己。所以我們必須靠自己。活在別人的陰影裡會讓一切變得間接，所以為什麼要以別人為榜樣呢？我就在這裡，並由此開始。這好簡單，把別人加進來徒添複雜性。

伊美加黛．施勒格爾　我個人不會視之為把事情複雜化。即便我已經多少意識到在我的所有幻象和所有痛苦之上有一個更高的真實，但如果不是有一些例子讓我覺得人有解脫的可能性，我便連試都不會去試。我看出有這種可能性不代表我把它當成真理，但它至少讓我感覺值得一試，以我自己作為實驗對象，看看是不是行得通。

克里希那穆提　為什麼妳需要一個動機？

伊美加黛．施勒格爾　我認為，沒有那動機，我們就幾乎連開始都不可能開始，因為那是始自於自我。

克里希那穆提　不，女士，妳我談的是同一回事。我只是想要認識自己。我不是因為痛苦才想認識自己，純粹是想要認識自己。我也不要別人教我怎樣做。所以我開始探究，開始觀照鏡子裡的自己。那鏡子對我說：「如果你繼續這樣下去，將會付出慘痛代價，將會陷入莫大痛苦。」就這麼多。然則，作為一個有著各種醜陋反應的普通人，我要怎樣能夠不帶動機而得到一個觀察？這觀察既沒有限制我的反應也沒有擴大它們。我不知道有沒有把話說清楚。

伊美加黛．施勒格爾　有。

克里希那穆提　我怎麼能不帶動機地觀察自己？人的動機一般是得到獎賞或避免懲罰。但那實在太荒謬了，和一隻受訓練的狗沒兩樣。所以，我們可以不帶任何動機地觀照自己嗎？請諸位說說你們的看法。

伊美加黛．施勒格爾　現階段，我雖然設法那樣做，卻做不到。我一樣是受到制約的。

克里希那穆提　不，我不會同意。妳一直在尋求協助。

伊美加黛．施勒格爾　那就好比運動。我只能慢慢來，無法一蹴可幾。只有慢慢來，我才會有勇氣看待和忍受我原先不想在我身上看到的東西。

克里希那穆提　我明白妳的意思，女士。妳是說一個人體力不夠，一開始只能做些溫和的運動，然後經過逐步鍛鍊，體力加強以後就可以做激烈運動。同一種思考方式被妳套用到理解自己：「我不認識自己，但我將會逐漸認識自己。」

伊美加黛．施勒格爾　我不是需要逐漸認識自己，而是必須培養出忍耐自己的勇氣和力量。

克里希那穆提　同一回事，完全是同一回事。同樣是將體力鍛鍊的方式套用到心理上。「我的心靈現在軟弱，但經過鍛鍊，它必然會變得強壯。」

伊美加黛．施勒格爾　我不是要變得強壯。我想很多人都是因為有這種想法而陷入……

克里希那穆提　死胡同。

伊美加黛．施勒格爾　對。所以我不是有什麼動機，有的只是真正的愁苦。我一再觀照這些愁苦，而我相信這裡面自有某種力量，讓改變在最終成為可能。

克里希那穆提 這還是一種漸進的進化。這種態度完全沒有出路，完全是個錯覺。

伊美加黛．施勒格爾 不需要有出路，但只要抱著這種態度、這種精神，不想著「我要得到什麼」，那一個突然的轉變就是有可能的，而且也真正發生過。我還想提出另一點：不管我們是帶著一個動機慢慢來，還是因為不知不覺做了什麼而突然直悟，歸根究底並無分別。

克里希那穆提 女士，一個人要麼是馬上得到直悟，要麼是沒有直悟。

伊美加黛．施勒格爾 對，這是事實，可是……

克里希那穆提 妳的態度意味著準備功夫，意味著時間，意味著培養自我。

伊美加黛．施勒格爾 不對。

克里希那穆提 一旦妳容許時間存在，就是在培養自我。

伊美加黛．施勒格爾 不必然是這樣，先生。

克里希那穆提 妳為什麼認為不必然呢？

伊美加黛．施勒格爾 如果我那樣做是為了得到什麼，那我的修煉當然是在培養自我。

克里希那穆提 女士，根據先前的討論，直悟是不牽涉時間和記憶，它是超越時間，必須發生。妳不能採取漸進方式，因為直悟不是一種可以用思想培養的東西。直悟是可能的嗎？

伊美加黛．施勒格爾　可能。

克里希那穆提　不要光說「可能」，我們要言之有據。

伊美加黛．施勒格爾　那麼我會說，憑著我的信念和經驗，我認為那是可能的。

克里希那穆提　這表示妳曾經有過直悟，並憑這直悟攆走了自我。那麼妳會認為，有些行為是沒有動機的嗎？妳知道這種行為嗎？不是偶一為之，而是日常生活。我不想偶爾吃飽，我想每天都吃飽。我不想要只是偶爾快樂。所以，一個直悟是不包含時間的，也跟記憶與思想斬斷關係。有一種行為是生於直悟的嗎？妳明白我的問題嗎？

羅睺羅　如果你得到直悟——我沒有說「曾經得到」，因為那又意味著記憶——那你的行為將毫無例外不帶有動機。

克里希那穆提　請原諒，但我要再請問你，這是你的理論還是親身體驗？

羅睺羅　親身體驗。

克里希那穆提　那樣，你的行為就會是一輩子正確。

羅睺羅　對，但偶爾也會犯點小過錯。

克里希那穆提　小過錯我們不論。

羅睺羅　得到那個直悟，自我就不會存在，動機就不會行動。這時，每個行為都會……

克里希那穆提　你有得到過那個直悟嗎？可曾有人直悟過自我的全部本性嗎？不是用推理，不是用歸納，不是用演繹，而是直悟自我的本性。有過這樣的人嗎？如果有過，他的行為就無可避免會是源自他的直悟。

伊美加黛．施勒格爾　有一點是我強烈感覺需要補充。得到直悟的不是「我」，那是不可能的。如果是「我」得到的直悟，就不會是直悟。

克里希那穆提　對，「我」是不會得到直悟的。如果我說：「『我』對此有一個直悟。」那就表示我是個瞎子，或表示我有一點點神經不正常。我們談到哪裡去了？

羅睺羅　我們當然是已經偏離我問的那個問題非常遠。

克里希那穆提　我知道。回歸正題吧。

羅睺羅　不，你已經回答了那問題。我還有一個關於智慧（intelligence）的問題想請教。有一種理論認為，我們必須靠語言思考。很多人都是這樣認為。有一次有個人問我：「你是用哪種語言思考？」我回答不知道。我認為思想裡是沒有語言的，但一個思想會即時被翻譯成最接近的一種語言。

克里希那穆提　先生，你有可能不用語言向我傳達你的思想嗎？

羅睺羅　這就是人們會搞混的原因。當我們傳達思想時，所傳達思想都已經經過翻譯。

克里希那穆提　不，先生，我是問你，你有可能不用語言，直接向我傳達你的思想嗎？

羅睺羅　那要看雙方的層次而定。

克里希那穆提　這話是什麼意思？

羅睺羅　不知道你同不同意或有沒有過這樣的經驗：溝通不一定要靠說話。

克里希那穆提　就是這樣。當你我處於同一層次、同一強度、同一時間時，溝通就不需要語言文字。那是一種什麼樣的狀態？就不再需要語言文字。

羅睺羅　不需要。

克里希那穆提　那是一種什麼樣的狀態？

羅睺羅　你喜歡的話，可以稱之為思想交流狀態。

克里希那穆提　不對，先生。當我們兩個都是那樣，那個狀態是什麼性質？不是離言絕慮，而是那個性質、香味之類的東西。你不會稱之為愛的狀態嗎？

羅睺羅 會。

克里希那穆提 不，別回答。

羅睺羅 是你問我的。還是說你準備要回答。（笑）聽到你提出問題時，我有點傻，還以為你是想要我回答。

克里希那穆提 當兩個人都有這種不尋常的狀態性質，就不需要語言了。當愛存在，語言文字就變得非必要。雙方可以即時溝通。但大部分人都被語言文字所驅策。語言文字驅策我們、塑造我們。我們的心靈受到語言文字制約。如果我是個英國人，就會受到英語制約，對不對？但如果我們不受語言文字制約，我們說出的語言文字就會有著完全不同的意義。

古迪．納拉楊 這時語言文字不會驅策你，而是反過來為你所驅策。

克里希那穆提 對。

博姆 一般來說，我們會等同於我們的語言文字，因此被它驅策，但如果我們擺脫等同作用……

克里希那穆提 不錯，語言文字形塑我們的能力異常巨大：「我是個共產黨員」、「我是個天主教徒」。

博姆　這就是一種等同作用。你認不認為語言文字是等同作用的一大根源？

克里希那穆提　其中之一。

博姆　重大原因之一。

克里希那穆提　對。

羅睺羅　雖然不知道有沒有幫助，但我想提一個非常重要的大乘佛教哲學觀點。它說世界是困在語言裡，而一般人是被困在文字裡，就像陷入泥淖的大象。所以我們必須超越文字，看見背後真義。否則，只要我們一天被困在語言裡，就會一天受到語言驅策。

克里希那穆提　你是這個樣子嗎？

羅睺羅　你是問我個人嗎？

克里希那穆提　（笑）對，你是這個樣子嗎？我是這個樣子嗎？博姆博士是被語言驅策的嗎？

羅睺羅　我說不準。這個問題要由你來回答。

克里希那穆提　我回答得出來，但我正在問你。

羅睺羅　我知道你回答得出來。

克里希那穆提 絕對能夠。

羅睺羅 那就夠了。（笑）

克里希那穆提 不，那不夠。

古迪．納拉楊 我相信一個人越精通語言文字，就越有可能被它困住。

羅睺羅 當然。

古迪．納拉楊 鄉下人只會用語言文字進行簡單的溝通。

克里希那穆提 先生，問題是你提出的。你問思想需不需要語言文字，思想是不是語言文字的一部分。到底是語言文字創造思想，還是思想創造語言文字？

博姆 你一度問他，有沒有不需要用語言文字思考的思想。

克里希那穆提 這是個非常有意思的問題。我們要再多討論一下嗎？你想說說看法嗎？

羅睺羅 有沒有不需要用語言文字思考的思想？

博姆 就是這個問題。

羅睺羅 我認為思想是一種圖像，不需要語言文字。

克里希那穆提 不，我們說「語言文字」時是指象徵符號、影像、圖畫。

博姆　語言文字可以輕易被轉換為圖畫，例如藝術家就有這種本事。反過來，圖畫也可以轉換為文字，用文字來描述。所以兩者的內容應該等值。

克里希那穆提　先生，思想的起源是什麼？我不是要問佛陀怎麼說，而是你，身為一個人類，思想的起源是什麼？如果你找不出思想的起源就會被砍頭，這件事對你而言至關重要，你會怎麼做？請回答這個問題。

羅睺羅　思想有一個起源嗎？

克里希那穆提　必然有。

羅睺羅　為什麼？

克里希那穆提　在你，思想的起源是什麼？

羅睺羅　沒有起源。

克里希那穆提　先生，思想必然有一個起源。

羅睺羅　這又是一個謬誤。假定一切必然有個起源是錯誤的思考方式。

克里希那穆提　不，我不是假定一切有一個起源。我只是問你，思想的起源是什麼？思想是怎樣開始的？包括貓狗在內，每種動物都有不同程度的思想感情。這些思想感情必然有一個起源。在人類，這起源是什麼？

伊美加黛．施勒格爾 如果我們完全沒有欲望，便不會有思想。

克里希那穆提 我不是在問這個。

博姆 你是在討論有沒有不帶等同作用的思想嗎？

克里希那穆提 不是。思想是怎樣在我開始的？它是我的父母、我的教育、我的環境傳遞給我的嗎？是什麼讓我思考的？我想知道答案。請繼續，先生。是什麼驅使你思考的？

羅睺羅 你認定思考後面存在某些原因，但我會說，沒有東西驅使我開始思考。思考是人的一種天性，除此沒有其他原因。

克里希那穆提 有的有的。我會顯示給你看。

羅睺羅 是什麼原因？

克里希那穆提 我不是權威，不是我說了算。我想透過討論找出答案。假如我沒有記憶，我還會有思想嗎？

羅睺羅 我還是要再請問你，記憶的起源是什麼？

克里希那穆提 答案非常簡單。假定我記得我在巴黎見過你，這事情就是被記錄下來的，對不對，先生？

羅睺羅 一般認為，記憶是被記錄在大腦裡。

克里希那穆提 那是一個簡單事實。

羅睺羅 不，我不接受。認為我們經驗過的一切都會被記錄在大腦某處這想法是一種十八、十九世紀的舊理論。

克里希那穆提 不對，先生。我這星期看到你，然後一年後你再來……我希望你會再來。然後我說：「我認得你。」請問，這種認得是怎樣發生的？

羅睺羅 這是一個我非常希望由你來回答的問題。

克里希那穆提 我現在見過你，然後，一年後你又再來找我討論……我希望你會。我說：「對，羅睺羅先生，我們一年前見過。」這是怎樣發生的？道理非常簡單。大腦把我見過你這件事，還有你的名字記錄了下來。就是這記憶讓我在下次看見你時認得你。

羅睺羅 這是怎樣發生的？

克里希那穆提 非常簡單。有人把你介紹給我認識，然後我們在這裡談了一個早上和兩個下午。當你一年後再來，我說：「對，我記得你。」如果我不記得，就不會認得你，對不對？記錄會持續累積，不管現在是十九世紀、一世紀或二十世紀，記錄會持續不斷地累積下去。不管是學習一種科技、學開車還是登陸月球，都是一種記憶的累積。

我這個說明沒有不妥之處吧？

羅睺羅 但它是怎樣發生的？

克里希那穆提 先生，如果我不會開車，便會找一個駕駛教練教我。我上了二十四堂課，到最後，我通過考核，教練說我開得很好。我是在他的指導下學會開車。在我學開車的過程中，他隨時提醒我該注意什麼，所以上了二十四堂課之後，我變成了一個好駕駛。就這麼回事，沒有對錯可言。以同樣方式，我今天看見你，然後在一年後再看見你時認得你。這完全是一種記憶，一個記錄的過程。對不對？事情就這麼簡單。

羅睺羅 我不能說你的解釋有讓我完全弄清楚。我承認記憶是記錄下來的經驗，但當我們下一次見面，這記錄是怎麼跑出來的？

克里希那穆提 在我看見你的那一刻跑出來。那記憶會彈出來，對我說：他就是羅睺羅先生。那記錄是一個畫面，不管它讓我愉不愉快。

羅睺羅 我希望它會是個愉快的畫面。(笑)

克里希那穆提 因為有那個記錄存在，我下次看見你會認得你。但如果那是一個不愉快的記憶，我會心想：「好煩。」然後掉頭就走。所以整個過程是一個記錄的過程。不管是學開車、學英語、學德語或學法語，都必須要有記錄。對不對？

羅睺羅 毫無疑問。

克里希那穆提 但你說過這是一種十九世紀的觀點。

羅睺羅 我想要說的是，經驗不是記錄在大腦裡。它是被保存在一般稱為心智機能（mental faculty）的人類能力裡。就像聽覺機能可以讓我們聽見聲音，心智機能讓我們可以記錄經驗。記錄經驗是它的潛能之一。

克里希那穆提 經驗是由大腦的機能記錄。

羅睺羅 我要說的是，記憶不是記錄在大腦這個生理器官裡。

克里希那穆提 你把不相干的事情扯進來了。

羅睺羅 是的，我是這麼說的。

古迪．納拉楊 你是說心智機能遍佈於人的全身，不侷限在頭腦裡？

克里希那穆提 不會吧！

羅睺羅 心智機能是感官的一種。人一共有五種身體感官：眼、耳、鼻、舌、身。眼睛具有看的功能，耳朵能聽見聲音，諸如此類。身體感官是用來處理外在世界，用來處理物質世界。但外在世界只是整個世界的一部分，有一個更大部分的世界是五官所搆不著。這時便需要心智機能。

克里希那穆提　世界的更大部分是什麼部分？

羅睺羅　包括所有我們談過的「感覺」，包括所有身體碰觸不到的東西，諸如此類。人類心靈或說心智機能有著許多面向、許多潛力，其中之一是記憶。我想請你釐清的問題是：記憶是怎麼發生的？你先是回答說，記憶是保存在大腦裡的記錄。我對此表示異議。

克里希那穆提　先生，讓我們暫且撇開大腦不談。我今日見過你，然後一星期後再見到你，並認得你。這是心靈機能的一部分。該機能的另一部分是合邏輯地思考或不合邏輯地思考。所以，心靈是由多方面構成的。你不能只有心靈而沒有大腦。

羅睺羅　對。但你不只不能沒有大腦，還不能只有心靈而沒有身體、沒有心臟、沒有肺。

克里希那穆提　對，它們是一個整體。所以，心靈有一部分是感官，有一部分是思想，有一部分是情緒，諸如此類。會不會，生物體的整個結構，包括大腦、身體、眼睛、耳朵在內，心靈的所有這些部分都是思想過程？

博姆　你是說心靈就是思想？還是說它不只是思想？

克里希那穆提　我不知道，但我不想那樣說。我只想說，只要心靈一天是在思想的領域活動，它就一天是受侷限。

博姆 你是說意識？

克里希那穆提 對，意識受到侷限。

博姆 你是說它會受各種機能侷限，不管這些機能是什麼機能？

克里希那穆提 對，不管它們是什麼機能。

博姆 光就「辨識」這件事而論，人類已經造出可以模仿人類辨識能力的機器。

克里希那穆提 當然。

博姆 電腦現在已經可以辨認簡單的東西。

伊美加黛．施勒格爾 但是如果你我的會面為時很短暫，那這次會面的畫面就不會深印我腦海。等下次見面，我將不會認得你，直接從你身邊走過。

博姆 這是重點，經驗必須用一些力度記錄下來。

克里希那穆提 所有記錄都必須用點力度。

博姆 如果你不打開麥克風，就什麼也記錄不了。

羅睺羅 很多我們看過和聽過的事情都不會記得，只有印象較深刻的那些會留下。

博姆 記錄是怎樣在我們下一次經驗中發揮作用，我認為這點很好解釋：下一次看見同一個人時，我們會拿出記錄來和那個人對比。

羅睺羅　這樣記憶就會回來。

博姆　對。

羅睺羅　和電腦的運作方式一模一樣。

克里希那穆提　那麼我們的大腦都是一些電腦囉？

羅睺羅　我會說大腦不同於電腦。

克里希那穆提　那大腦又是什麼？

羅睺羅　為什麼你只提大腦？大腦也許是基礎，但沒有整個身體、沒有心臟，我們還能思考嗎？

克里希那穆提　不，先生，我們說過了，心靈包含大腦、感覺、心臟和整個人體結構。

博姆　還有所有的神經中樞。

克里希那穆提　我們把「心靈」用作「意識」的同義詞。如果一個人的心臟不能運作，他就不可能擁有意識。

羅睺羅　這就是我為什麼要使用「心智機能」，不用「心靈」或「意識」。「機能」二字可以涵蓋你說的那些身體作用。

克里希那穆提 「機能」是什麼意思，先生？

博姆 指具有某些能力，有能力做某些事。

羅睺羅 例如視覺機能指的是看見東西的能力。

克里希那穆提 不對，先生。能力有賴知識。如果我沒有學過彈琴，就不會知道怎樣彈……

羅睺羅 恕我插嘴，但你誤會我的重點了。我是說，心智機能或說心靈有能力做你說的那些事。你我說的是不一樣的。

克里希那穆提 啊，我明白了。

博姆 心智機能是天生的。

羅睺羅 是與生俱來，是生就的大能力。你不能問為什麼有這種能力或問它從何處來。

克里希那穆提 我不會問，但我不接受心靈生來便有能力……

博姆 有能力思考。

克里希那穆提 「與生俱來」表示它沒有起源，不是繼承而來。

博姆 不對，「與生俱來」便是一種起源。

羅睺羅 可以這樣說，心靈就像我們的眼睛，具有看見的能力。

克里希那穆提 所以心靈有能力……

羅睺羅 有能力做各種事，包括記憶、回應和感覺等等。

克里希那穆提 心靈是做這些事的積極能量。

博姆 還有身體的整個結構。我想可以這樣說，就像眼睛具有某些潛在能力那樣，嬰兒是基於繼承而生就思考的能力。

克里希那穆提 這種「內建」是怎樣發生的？

博姆 以眼睛發展出來的方式發展出來。你瞧，眼睛有個強大的……

克里希那穆提 你的意思是透過進化。

博姆 對，透過進化。

克里希那穆提 且慢。你沒看見我們進化了那麼久還只是些猴子，哪怕是比較大隻的猴子？抱歉這樣說。

羅睺羅 我質疑這種觀點。你太把達爾文的理論當一回事，才會認為人類是從猴子進化而來的。

說。[5]

克里希那穆提　我不是把達爾文當一回事。我是看見當今世界發生的事情而這樣

羅睺羅　當你說我們是從猴子進化而來……

克里希那穆提　我們也許是從不完全的人類[6]進化而來，也許不是。我們也許正在往上走，又也許正在往下走。但如果我們正在往上走，那我們就還不是完全的人類。

博姆　我不懂我們為什麼要討論這類問題。人類進化的很多細節目前還不確定。

羅睺羅　因此我反對人類是從猴子進化而來的主張。我們無法知道是不是這樣。

克里希那穆提　我也不知道，先生。不過我倒是知道一件很簡單的事情：沒有記錄作用就不會有思想。

羅睺羅　那表示思想就是記憶。

克里希那穆提　當然。思想就是記憶，就是儲存起來的經驗、知識，不管是被儲存在哪裡。也許是儲存在腳拇指裡。當它受到刺激，就會運作。

博姆　我們還說過，思想也是邏輯推理的能力。

5 譯注：指現代人的行為和猴子沒兩樣。
6 譯注：此處，「不完全的人類」指猴子之類。

克里希那穆提　它有時會合邏輯地思考，有時會不合邏輯地思考。

博姆　我們把這一切稱為機能。

羅睺羅　對，我偏好這個用語，是因為它的涵蓋範圍較大。

博姆　但你也說過，它仍然有賴記憶。

克里希那穆提　當然。記錄作用的一個意義是記憶。

博姆　沒有記憶，其他機能就不能運作。

克里希那穆提　當然不能。我看見一棵樹，而因為它一向被稱為樹，所以我喊它樹。就這麼回事。記錄總是存在，沒有記錄，思想就無由生起，就不會有思想。所以，如果你生長於天主教環境，受天主教環境制約，你就會根據天主教的方式思考。你會被宣傳、書籍、牧師之類的制約，正如你是印度人或錫蘭人就會根據印度或錫蘭的方式思考。然則，這種制約的源頭或開端是什麼？為什麼人會想要制約自己？是為了追求安全和迴避危險嗎？顯然是。我相信基督，是因為我在基督教環境長大，它是我的制約，另外，人生充滿不幸，相信基督可以讓我得到安慰，有勇氣面對這個可怕的世界。它讓我在一個不安全的世界裡感到安全，因為我知道天父會照顧好我。印度教、佛教和伊斯蘭教都是這個樣子。所以人類的本能反應是追求安全感，就像小孩子，對不對？

羅睺羅　這種需要安全感的心理從何而來？

克里希那穆提　嬰兒需要安全感，嬰兒需要媽媽，需要定時得到食物和其他一切。

博姆　得到這些東西以後，嬰兒就會有安全感嗎？

克里希那穆提　大概會。我不是嬰兒，也不記得嬰兒時期的感覺，但我肯定嬰兒需要安全感。

博姆　他們需要安全感。

克里希那穆提　安全、被照顧、寧靜。每當他們哭泣，媽媽就會幫他們換尿布、餵奶等等。得到身體安全之後，我們轉而尋求心理安全，而基督可以帶給我們心理安全。這種信仰也許不理性，也許荒謬，但我們卻喜歡，因為它至少可以讓我們在一些假象中獲得安慰。但我們不會把它稱為假象。如果別人這樣說，我們就會揍他。所以大家各行其是：你在基督教中得到安全感，我在伊斯蘭教中得到安全感，他在其他教中得到安全感。每個人都死抓著自己的安全感來源不放，不管那是不是理性或理智。

博姆　在我看來，快樂也有類似的問題。得到快樂之後，我們便死抓著它不放，在它上面建立空中樓閣。

克里希那穆提　我們不會說：「好吧，我會放棄基督教。」因為我們做不到。

博姆 快樂也是這個樣子。我們放不開快樂。

克里希那穆提 當然，兩者是同一個問題。

伊美加黛．施勒格爾 我認為放開快樂要更難。今日，很多人不太費力便可以拋棄或改變原有的宗教信仰，但要他們放棄快樂卻難十倍。

克里希那穆提 他們放不開身體的快樂。

伊美加黛．施勒格爾 還有心靈的快樂。

克里希那穆提 當然。

羅睺羅 我們談到哪裡去了？

克里希那穆提 談到哪裡去了？我還沒有說完。我們還沒有討論這個人生的核心問題：有什麼行為是不帶有這一整個千絲萬縷的動機、反應、悔恨和痛苦？人有可能活在沒有這些可怕糾葛的狀態嗎？因為太不快樂，所以當有人說「基督可以拯救你」，我們就信了。我很不幸，而我說看在神的份上吧，於是我執著於它。而你是某人，你說你相信佛陀教法——皈依佛——這對我也足夠了。我們可以在其中得到安慰。所以我的行為都是以得到獎賞和避開懲罰為出發點，對不對？做些什麼就可以得到涅槃，不做的話就會下地獄。有良好理智和受過良好教育的人會把這一切棄如敝屣，認定它們是胡說八道。

我想知道是不是有某些行為可以擺脫努力和後悔的陰影。這不是一個引起我知性好奇心的問題，而是個讓我五內如焚的問題。我必須找出答案，因為我不想活在籠子裡，不想被捲入你死我活的競爭。那我應該怎樣做？有什麼行為是在一切環境下皆為正確，不須端賴環境方為正確？妻子對我們說：「你做些什麼什麼我就會愛你。」我推開所有這些影響力和壓力，我想要找出有沒有什麼行為是自我完足。

所以我必須弄懂，有沒有一些行為是完足而非局部。這表示，我必須要完整地觀察自己，不能只在破碎中觀察自己。或表示我必須透過碎塊即時看見整體。所以有沒有行為是完整的？我認為有，斷然有。你要不要問問我，那是什麼行為？

羅睺羅　我是想問，但我認為你會自己說出答案。

克里希那穆提　問吧！

羅睺羅　請問那是什麼行為？

克里希那穆提　首先，你可以看見那邊那棵樹是個整體嗎？你可以看見你太太或女朋友是個整體嗎？你明白我的問題嗎？你可以整個地看見任何事物嗎？還是說你看到的總是局部？

羅睺羅　你所說的「整個地」是什麼意思？

克里希那穆提　就是看見整體的意思。就是不分心的意思。我可以看見你是個整體嗎？我可以看見全人類就像我一樣，是個整體嗎？能做到這一點已經很棒。我可以看見全人類就是我自己嗎？因為全人類就像我一樣，會有痛苦、煩惱、迷惘、驚恐、不安全感等等感受。所以看見全人類時，我也看見自己。

羅睺羅　反過來說也是一樣。透過看見你自己，你也看見全人類。

克里希那穆提　它就是我。不管你怎麼說，我看見我就是全人類，然後看見全人類就是我。我和全人類是分不開的。我不是一個菁英階級的一部分，不是一個幫派的一份子。所以我看見全人類就像我自己，是個整體。這個很簡單明瞭，不，它根本就是如此，我說得對不對？

博姆　我們可不可以先把焦點放在那棵樹？

克里希那穆提　那棵樹漂亮極了。

博姆　我不太清楚，當你說你看見那棵樹是個整體時……

克里希那穆提　指整個地看見，看見它的全部。

博姆　對，光是看見便會看見它的全部。

伊美加黛．施勒格爾　我覺得語言的限制讓我們要表達這個意思時有點困難。「我看見一個整體」，這句話事實上是指看見的人是「自我」。但「自我」若是看見整體，它便會變得破碎。因為無論我如何賣力看見一棵樹的整體，它仍然是我的思想。

克里希那穆提　那是一種終極狀態。你們可以看見你們的妻子或丈夫是個整體嗎？我說的是整個地看見，你們可以嗎？當你們可以整個地看見某個人的時候，會發生什麼事情？

伊美加黛．施勒格爾　無比溫暖。但不是我的溫暖。

克里希那穆提　不對。

伊美加黛．施勒格爾　溫暖會進入這看見中。

克里希那穆提　如果你愛那棵樹，就會整個地看見它。

伊美加黛．施勒格爾　用「愛」這個字時，我們必須非常謹慎。

克里希那穆提　請不要把事情複雜化，暫時不要。我們稍後還會再談到。如果我們愛某個人，如果這愛不是佔有性，那麼，被愛者的整體就會呈現我們面前。所以，我有可能整個地看見自己，看見我自己就是全人類嗎？我無異於全人類。我不是一個個人。個人是虛假事物。我就是其他的世人，我就是世人。我能夠看見它是個整體嗎？雖然共產主義者也說一樣的話，但我不是共產主義者。我不是愚蠢的共產主義者，先生。

者？

羅睺羅　你為什麼那麼想要否定共產主義？為什麼你會那麼在乎被誤會為共產主義者？

克里希那穆提　你誤解我的重點了。共產主義者的腦子裡淨是理論，又把這些理論付諸實行，按照理論來揑塑人。不談這個了，抱歉把它扯進來。總之，只有當我看見自己就是全人類的時候，才可能整個地看見我自己。

博姆　你的意思是，本質上，我們和人類整體無異。

克里希那穆提　本質上，基本上。

博姆　具有各種相同的基本性質。

克里希那穆提　我也許有一個長鼻子或短鼻子，有一雙鬥雞眼和藍眼睛。但我前面談的不是這些。

伊美加黛．施勒格爾　你談的是作為一個人類。

克里希那穆提　對，作為一個人類。這就沒有了個體努力和集體努力之分，對不對？當我們看見自己是個整體，部分就會不復存在。所以，當我整個地看見自己，各部分就會消失，自我亦不復存在。因為如果我老想著：「那是我的樹，那是我的花園。」我就不可能整個地看見那棵樹。明白我的意思嗎？

羅睺羅　明白。

克里希那穆提　所以，當我愛那棵樹，我就會看見它是個整體。

博姆　就你看來，會不會所有樹都是相似的？就好比說，如果我看見自己是個整體，就會看見自己和所有人一樣。

克里希那穆提　所以我愛所有樹。

博姆　所有樹都是一樣的嗎？

克里希那穆提　當然一樣。

博姆　所以是哪棵樹並不重要。你愛的不只是**這棵**樹。

克里希那穆提　我不是單愛這棵榆樹。

博姆　不只是長在這裡這棵。

克里希那穆提　我愛所有樹，不管它們是長在我的花園、你的花園還是荒郊野外。

博姆　不管哪裡的樹你都愛，所以是哪一棵樹並不重要。

克里希那穆提　不錯。

伊美加黛·施勒格爾　你愛那棵樹，而因為你愛它，所以可以看見它的整體。這並不表示所有樹都一樣，但你的**愛**卻是一樣。

克里希那穆提　我提出這個「整個地看見」的問題，是由我們討論的原來問題引起，也就是：有哪些行為不是破碎化的，不會碎裂為一個生意人的角度、一個藝術家的角度、一個教授的角度、一個神職人員的角度？別告訴我，只要自我不存在，我們就能整個地看見事物。我們都有一個自我，都被困在這個自我裡。

博姆　但你的話也意味著，如果我們能夠整個地看見自我，它就會發生變化，不復存在。

克里希那穆提　對，先生。

博姆　那麼，你會不會還以為，我們必須去愛我們的自我？

克里希那穆提　這是一個危險認定。我曾經那樣做，因此讓自己停在了時間裡。（笑）因為廣告不是說：獎賞你自己，愛你的頭髮，用這種洗頭水吧。

博姆　那你會不會說：你是人類，所以你愛人類。

克里希那穆提　這樣說的時候要非常小心。

博姆　因為這個類比是有侷限性的？

克里希那穆提　所有類比都是有侷限性。

伊美加黛．施勒格爾　語言文字本身也是一樣。

克里希那穆提 還有其他問題嗎，先生？沒有的話，今日的討論就到此為止吧。

羅睺羅 我想問的問題還多得不得了，但今天就到此為止吧。你已經回答了我提出的所有問題，非常感謝你那些發人深省的解釋。

【第四回談話】

何謂真理？

一九七九年六月二十八日於布洛克伍德帕克

羅睺羅　我想請教一點。我們常常談到真理，包括絕對真理和終極真理，包括看見真理和了悟真理。根據佛陀的教誨，這些都是非常重要的核心觀念。佛陀也說過，真理只有一個，沒有第二個。但他從沒有從正面定義真理。他還把這獨一真理等同於涅槃。「終極真理」或「絕對真理」被他用作是涅槃的同義詞。

佛陀從未定義涅槃，主要是從反面說明涅槃不是什麼。即便使用正面語詞，也主要是比喻性質。各位知道，佛陀的原始教說被稱為小乘，然後，到了西元前一世紀，大乘開始興起，以自由的方式詮釋佛陀的話。有一部非常精彩的大乘經典稱為《維摩詰所說經》，其中提到眾菩薩和眾弟子在菩薩維摩詰家舉行聚會，討論「何謂不二」的問題。「不二」是絕對真理或涅槃的另一個名字，梵文作 *advaya*。

克里希那穆提　對，梵文作 *advaita*。

羅睺羅　不是 *advaita*，是 *advaya*。*Advaita* 是吠檀多學派的觀念[1]，意指：「你就是世界，兩者不二。」佛教的 *advaya* 則是指「既非存在，亦非非存在」。佛陀指出，世俗世界是二元性，即有所謂是與不是，有所謂存在與不存在，有所謂對與錯，這是「二」（*dvaya*）。世界有賴這些二元性而存在。但佛陀告誡弟子不要落入這種錯誤。在維摩詰家

1 譯注：吠檀多學派的 *advaita* 觀念亦是譯作「不二」。

的聚會上，各個菩薩和佛弟子就「何謂不二」的問題各抒己見，共提出了三十二個可能定義。最後，大家問維摩詰的看法。非常有意思的是，維摩詰的回答方式是不說話，但是「維摩一默，聲如淵雷」。

克里希那穆提　確實非常有意思。

羅睺羅　他等於是說，你們說的這些都不是「不二」。我在牛津大學演講時，一個教授問我：「你可以定義不二或真理嗎？」我回答說，當你定義它的那一刻，那就不是「不二」。今天，我想仿效眾人請問維摩詰那樣地請問你：何謂真理？何謂終極真理？何謂絕對真理？你所看見的「不二」是什麼面貌？

克里希那穆提　先生，你認不認為真實（reality）和真理是有分別的？真理是可以用語言文字量度的嗎？假如我們能夠區分真實與真理，那麼我們大概就能對你提出的問題有更深入的探討。何謂實相？「*rea*」這個字根是「事物」的意思。何謂事物？我們可以說，包括假象、眾神和宗教儀式在內，思想創造的一切是真實嗎？像大教堂、佛寺和清真寺，它們都是思想帶來到世界，所以是真實的。我面前的麥克風也是思想創造，所以也是真實的。但大自然卻不是思想創造。它是本來存在。河流、大海、天空、星辰，它們本來就存在。但我們人類利用大自然去製造事物，例如房屋、座椅等等。漂亮的大教堂、優美的詩、美麗的畫，這些全是思想的結果。所以，我們可不可以把任何由思想創造或組合起來的東西稱為真實？

瑪莉．津巴利斯特[2] 你談到了事物的美。你是不是把「美」也看成一種真實，還是說美的事物本身才是真實，而它的「美」屬於不同性質？你是否也把「美」歸入「真實」的範疇？

克里希那穆提 事物本身可以是美的，或者我們可以把一些本來不美的事物變成美。那麼，我們是不是可以把思想組合起來的一切稱為真實？這包括它創造的假象，也包括它用科技知識製造的物質事物。

羅睺羅 可以。容我補充一點。根據佛陀的教誨，有所謂的相對真理或相對真實。

克里希那穆提 我們先不要把「真理」拉進來，只管「真實」。

羅睺羅 好的。我們先只說「真實」。真實分為相對真實和絕對真實。

克里希那穆提 當然。

羅睺羅 我可以完全接受你說的這些。思想創造的一切都是真實。

2 譯注：瑪莉．津巴利斯特（Mary Zimbalist, 1915-2008）：美國女演員，丈夫為知名電影製片人，曾積極參與民權運動，從一九六〇年代起成為克里希那穆提重要的支持者和朋友。

克里希那穆提　思想創造的一切都是真實，包括夢境，包括所有科技發明，包括詩歌、繪畫、諸神、文字符號，它們全是真實。你們接受這一點嗎？

梅赫塔[3]　接受。但「真實」一詞有一個主要意義和其他次要意義。千百年來，人們用這個詞時，主要是指實相（ultimate reality）。

克里希那穆提　我知道，但我想要分開真理和真實二者，否則我們就會搞混很多事情。

梅赫塔　話是沒錯。

福布斯[4]　你會把大自然也歸入真實嗎？

克里希那穆提　不會，樹木不是思想創造。不過人可以用樹木來製造桌椅。

福布斯　這麼說，是不是還有第三個範疇的事物，它既不屬於「真實」，亦不屬於「真理」。還是說你認為大自然……

克里希那穆提　大自然不是由思想創造。老虎、大象、鹿和羚羊都顯然不是由思想創造。

3 譯注：梅赫塔（Phiroz Mehta, 1902-1994）：印度出生的英國作家，作品多與宗教有關。
4 譯注：福布斯（Scott Forbes）：哈佛大學教育博士，「全人教育」專家。

羅睺羅　這表示你不認為樹木是一種真實。

克里希那穆提　我把樹木視為真實。它當然是一種真實。但它並不是由思想創造。

羅睺羅　但你說你只把思想創造的東西歸類為真實。

克里希那穆提　對。

羅睺羅　那既然是你的定義，你愛怎樣分類都可以。

克里希那穆提　不對，我是設法釐清我們對「真理」和「真實」兩個詞語的理解。

羅睺羅　對，我理解。你是想把「真理」用於另一個目的。

克里希那穆提　不是用於另一個目的。現在讓我們看看何謂真實。世界是真實。

羅睺羅　對。

克里希那穆提　這些燈是真實。在座的各位是真實。我們相信的各種假象也是實存的真實。

瑪莉．津巴利斯特　先生，坐在這裡的人可不是思想創造的。

克里希那穆提　對，不是。

瑪莉．津巴利斯特　所以，我們是不是應該用另一個範疇來界定大自然、樹木、動物和人類？

克里希那穆提　人類不是由思想創造，但他創造的東西卻是。

瑪莉．津巴利斯特　對。所以，「真實」範疇所包括的東西，某個意義下是人造的？

克里希那穆提　對，人造的。比方戰爭就是一種真實。對於我這個說法，妳看來有點遲疑不決。

梅赫塔　我們是不是可以把五官所攝取，再透過大腦詮釋的一切理解為真實？

克里希那穆提　說得不錯，先生。

福布斯　我們曾經在討論中把「真實」和「實在」（actuality）區分開來。任何由心靈創造的東西都屬於「真實」範疇，任何存在於時空之中而可為心靈捕捉的東西都屬於「實在」範疇。

克里希那穆提　對。

福布斯　再來還有「真理」。按照這種區分方法，「真實」是「實在」的一部分。換言之，樹木是一種實在，不是一種真實。

克里希那穆提　你為什麼想要區分二者？

福布斯　因為不這樣就會變得非常混淆。因為你說過，思想創造的東西才叫真實，但你我卻不是思想創造，所以不是真實。

克里希那穆提　你想區分實在、真實和真理，是這樣嗎？

福布斯　我只是回歸我們習慣的詞語定義。

克里希那穆提　我們可以說，「實在」就是正在發生的事情嗎？

梅赫塔　對，這是一種很適切的表達方式。這個論點會讓人想要問：我們能夠理解正在發生的事情的全體嗎，還是只能理解一部分？

克里希那穆提　對，但那是另一個問題，我們可以稍後再談。目前我們只要知道，正在發生的事情就是「實在」，至於我們能夠理解其全體或只是一部分是另一回事。正在發生的就是「實在」。

梅赫塔　對，這是事實。

克里希那穆提　是事實沒錯。其他各位是什麼看法？

羅睺羅　我還在猶豫，我等著看見更多。

克里希那穆提　不管一個心靈是不是可以完整看見實在，都與我們正在討論的問題無關。我們要討論的是，心靈是否能夠看見或領悟或明白，人是無法從「真實」到達「真理」。

史密斯[5]　這可是一個好大的跳躍。

克里希那穆提　先生，我們是否還可以這樣說：誠如你指出過，所有感官回應（sensory reponses）都是思想的開始。而思想和它的各種複雜運動正在我們討論的這當兒發生著。正在發生著的就是實在，而詮釋或理解正在發生的事情有賴思想。所有這一切，包括假象在內，便是真實。

梅赫塔　對，是這樣沒錯。

克里希那穆提　如果大家目前都同意這一點，那接著會引起的問題便是：所有感官和所有實在所交織而成的心靈可以理解、看見、觀照到何謂真理嗎？

梅赫塔　除非心靈先擺脫它受到的各種制約。

克里希那穆提　我會稍後再來談這個，不過它真是個大問題。想要找出什麼是絕對真理，我們必須先理解思想，必須觀察思想的整個運動和本性，所以，思想在我們尋找絕對真理的過程中具有一個相對位置。心靈因此要變得絕對靜止。在這種靜止中，真理大概會被看見。真理是不能用語言文字量度。

梅赫塔　對，我完全同意。

5譯注：史密斯（Stephen Smith）：布洛克伍德帕克學校教師。

羅睺羅　我也同意。

克里希那穆提　觀察思想後，我們會發現兩件事。首先會發現人是被困在思想的運動中，其次是這運動會投射出什麼是真理。

梅赫塔　這就是人所犯的錯誤。

克里希那穆提　當然。他們由此向彼投射，企圖要找到真理。又或是投射出他們自以為是真理的東西。他們用不同的名字稱呼這真理：上帝、梵天、涅槃、解脫，不一而足。所以下一個問題便是：心靈有可能停止量度嗎？

梅赫塔　在我們作為個人的每個人身上運作的心靈。

克里希那穆提　作為人類的每個人。量度是教育、環境和社會一起加諸我們的制約。你們同意嗎？

羅睺羅　同意。

克里希那穆提　那什麼是量度？

梅赫塔　量度意謂限制。

克里希那穆提　不對。何謂量度？我量度一塊布，量度屋子的高度，量度從這裡到某一地點的距離，諸如此類。量度意謂比較。

史密斯　再來還有心理量度。

克里希那穆提　對，既有物理量度，也有心理量度。當我們拿自己和別人比較，就是在進行心理量度。所以我們整天在內在和外在兩方面量度和比較。我說遠了。我們原來討論的是什麼？

羅睺羅　我剛才問你的是維摩詰被問過的問題。

克里希那穆提　什麼問題？

羅睺羅　什麼是不二？什麼是真理？

克里希那穆提　只要心靈不停止量度，二元性必然會存在。現在我想請問，這種制約是何所來自？不知道這個，我們的探究就無法有太大進展。人老是在量度、比較和模仿，為什麼人會被困在這種思想的運動中？

羅睺羅　所有量度都是發自自我。

克里希那穆提　對，但為什麼會這樣？為什麼不管住在哪裡的人都會受量度心理制約？我們想找到的是量度心理的根源。

史密斯　這看來部分是觀察的結果。因為當你觀察世界，總是看到各種二元性，例如日與夜、男與女、四季變遷等。所以，我們很自然會推論，某種比較或對比也適用於人類生活。

克里希那穆提　黑暗與光亮，雷鳴與寂靜。

帕楚[6]　看來思想需要一個定點才能量度。思想本身總是不停流動，這讓它無法量度，所以它便創造一個不動的定點，把這個定點看作自我的中心。只有從那裡，思想可以進行量度。

克里希那穆提　對。英語中的「更好」（better）和「更棒」（greater）之類的單字便是一種量度。所以語言本身是摻有量度。現在，我們必須搞懂這種量度的根源，搞懂人類為什麼要用它作為一種生活手段。我們看見日與夜、峰與谷、高個子與矮個子、男與女、老與幼。這一類量度在物理上俯拾皆是。再來還有剛才提過的心理量度，它們的出現頻率比物理量度還要多得多。為什麼人類要執著於這一類量度活動？

史密斯　十之八九是因為他認為此舉可以讓他取得某種程度的進步。例如，一個農夫今年用某種方式種菜，結果收成不好，明年他換一種方式種，得到了更好的收成。

克里希那穆提　所以事情牽涉到時間。請再多談一點，先生。

史密斯　量度需要反省能力，需要經驗，需要對經驗進行反省，憑著既有經驗產生

6 譯注：帕楚（Parchure）：醫學博士，克里希那穆提的私人醫生。

更好的結果。大概也預設著對何謂「好」或「更好」有一個既有概念。

克里希那穆提　當然是這樣，但我想要知道的是層次更深一點的事情。為什麼人要用時間作為進步的手段？我指的是心理層面的時間，不是學習一種外語或發展一種技術所需要的時間。

帕楚　也許是出自思想對自身安全的需要。

克里希那穆提　不對，是對時間的需要，而時間就是量度。

梅赫塔　你是不是認為，人類有一種傾向，喜歡把大小差別、數量差別等等物理事實類比到心理過程。

克里希那穆提　對，這就是我想要指出的。沒有量度就不會有科技。

梅赫塔　不錯。

古迪．納拉楊　隨著科學和數學越來越進步，量度也越來越精細，而每一次精細化都會帶來更上一層樓的進步。電腦之類的最新科技就是這樣來的。所以在科技的範疇，量度和量度的精細化確實帶來某種進步。

克里希那穆提　當然。我們不是要否認這一點。

羅睺羅　我們關注更多的是心理量度，不是物理量度。

克里希那穆提 對。人類為什麼要用心理時間作為自我成長的手段？他們認為人只要「不斷精進增上」，最終就會獲得開悟。這個過程需要時間。

古迪．納拉楊 會不會就像梅赫塔所說的，我們是把天天在做的物理量度套用到心理領域？還是說心理領域會出現這種傾向和物理量度全無關係？

克里希那穆提 這正是我們要討論的。你們認為，在心理的層次，人類可曾有過進化？

福布斯 可不可以說，我們起初會把量度應用在心理領域是出於習慣，因為那是我們在物理領域非常喜歡做的事？另外，會不會還因為這種套用讓我們安心，讓我們認為我們現在雖然很糟糕，但日後仍然可以變好。

克里希那穆提 當然就是這樣，先生。讓我先說清楚一點。在科技、物理的層次，我們需要時間。我們需要時間去學習一種外語，需要時間去蓋一棟房子，需要時間去發展一種科技，諸如此類。但我想探究的是另一回事：我們在心理層面也需要時間嗎？

薩昆塔娜．納拉楊（Shakuntala Narayan） 時間是由什麼創造？

克里希那穆提 思想。思想就是時間。

薩昆塔娜．納拉楊 所以，量度是不是和思想脫不了關係？

克里希那穆提　我們曾經指出，時間就是運動。所以思想就是運動。時間是由此至彼的運動：我們為人貪婪，所以需要時間去擺脫貪婪嫉妒。這是把物理距離（physical distance）套用到心理層次。但心理距離（psychological distance）會不會是一種假象？用非常扼要的方式來問便是：在心理的層次，明天存不存在？

梅赫塔　只存在於預期中。

克里希那穆提　明天會存在，是因為思想說：我希望明天怎樣怎樣。

梅赫塔　除了是思想的作用，還是因為我們經驗到日夜循環的物理事實，由此有了「今天」和「明天」的觀念。

克里希那穆提　昨日、今日、明日——它們都是一種真實，也是一種量度。但我們正在問的是：心理時間真的存在嗎，還是說它是由思想虛構，為的是讓自己可以到達或生活在某種安全狀態？

羅睺羅　時間是什麼？

克里希那穆提　是運動，先生。

羅睺羅　對，時間不過是因與果構成的不間斷連續體，換言之就是運動。

克里希那穆提　對，運動。由因生果，然後果又會生果，如此循環不斷。

羅睺羅 那就是時間。我們用「時間」一詞來指這種運動。

克里希那穆提 對，那就是運動。現在是十二點五分，它會繼續運動，直到一點。這是時間的一個面。時間還有物理距離的一面。我必須到倫敦，而我到倫敦需要時間。

羅睺羅 對，那是時間的另一個內涵。

克里希那穆提 另一種時間。我們正在檢視時間的不同方面。

瑪莉．津巴利斯特 先生，你認不認為，思想本身是隱含著時間的？因為思想過程總需要時間，即便這時間非常短促。

克里希那穆提 當然，因為思想是記憶的回應（reponse of memory），而記憶便是時間。現在讓我們記住一件事：物理時間——昨日、今日、明日——是存在的，而時間是一種運動。

梅赫塔 這是所謂的「順序時間」（chronological time）。

克里希那穆提 讓我們就稱之為「順序時間」。但時間還可以體現在距離上，還可以體現在因果關係，比方說松果與松樹的關係。爬一座山需要時間。所以，在物理上，時間是存在的。物理上，嬰兒會長大成為大人，諸如此類。所以時間是必須的，時間是存在的。它是一種實在，是一種真實。但我們探討的卻是**心理層面**的時間是否存在。它會不會只是思想虛構出來，是思想用來獲得安全感的一種手段？思想會這樣虛構，說不定還是因為懶惰而採取的拖延策略，就像是說：「我無法立刻做到。給我時間吧。有了時間，我就能改進，就能擺脫我的憤怒、嫉妒和其他要不得的情緒。」所以，時間在心理上是被用來作為得到什麼東西的手段。

瑪莉．津巴利斯特　但在目前的情況，我們必須先釐清「心理層面」的意思，因為如果一個思想過程必然牽涉時間，我們又怎能沒有思想。

克里希那穆提　這是我們將會談到的。

瑪莉．津巴利斯特　我們正在討論的「心理層面」是內在思想的嗎？還是外在於思想？又或者它既可外在於思想，也可以內在思想？

克里希那穆提　人的整個心智（psyche）不是由思想交織而成的嗎？

史密斯　是或不是，看來正是問題所在。

克里希那穆提　先生，慢慢來。難道整個心智不就是「我」嗎？

史密斯　那就是心智嗎？

克里希那穆提　難道不是嗎？「我」就是我的所思所想、所渴望和所不渴望，以及諸如此類。「我」的整個自我中心運動都是由思想交織而成。

瑪莉．津巴利斯特　如果真是如此，又怎麼可能有任何心理運動是不牽涉時間？

克里希那穆提　這是我們將要談的。我想先確定，大家是不是理解我的問題？

古迪．納拉楊　先生，你認為希望（hope）和嚮往（aspiration）是不同的嗎？因為很多人認為，嚮往是高貴的，而希望……

克里希那穆提　嚮往是時間，希望同樣是時間。

古迪．納拉楊　但嚮往追求的是一個理想，而理想看來是好東西。

克里希那穆提　我嚮往成為上帝——這便是一個愚蠢的嚮往。

古迪．納拉楊　你會不會認為，所有的宗教努力都是一種嚮往？

羅睺羅　宗教傳統裡當然滿是嚮往。不過我們正在討論的，是一個人可不可能不帶著思想和時間而看見真理。還有就是，人是不是在**當下**便可以看見真理，還是必須變得更好方可得見。

克里希那穆提　當然用不著。

羅睺羅　這才是我們在討論的問題。

克里希那穆提　在你使用「更好」二字那一刻……

羅睺羅　我也是這樣認為。真理是你在**當下**便可以看見。

克里希那穆提　不，先生，我們先不要談真理的問題。我一直小心翼翼，避免太快談及這個話題。我想要先弄清楚，認為心理時間存在，這是不是一個合邏輯和理智的結論，又或者是個錯覺的結論。所以我想要檢視心理時間的本性。如果心理上不存在明天，我們的全部行為就會迥然不同。但我們總是認為明天很重要。我們總是說明天要怎樣怎樣，說我們希望明天脫胎換骨。我質疑這個，因為所有的嚮往、所有的希望都是奠基於未來，即奠基於時間。

古迪．納拉楊　就你看來，所有的嚮往，不管它們有多高貴，會不會都是屬於「真實」的範疇？

克里希那穆提　對，都是屬於思想的領域。

梅赫塔　對，因為那是一種建構。

克里希那穆提　一種思想的建構。

梅赫塔　正是。那麼，我們可以說你關心的是完全擺脫心理意義的時間嗎？

克里希那穆提　不錯，先生。否則我就會被絆住，否則我們的心靈就會永遠是在兜圈子。

梅赫塔　對，真的是這樣。我們是被綁在過去，被綁在已成化石的東西上。

克里希那穆提　對，過去會形塑現在，再深入到未來。所以，當一個人說「我將會變得更好，我將會理解，我將會努力」的時候，這一切都牽涉時間。所以我才會問，時間是不是只是思想不管基於任何原因所虛構出來，所以只是一種假象，實際上並沒有明天。

梅赫塔　心理意義上是這樣。

克里希那穆提　當然，這是我們前面便交代清楚的。每當我們嫉妒，嫉妒都是一種感官回應，所以嫉妒是由思想創造。我們一般都會說：給我時間讓我擺脫那嫉妒吧。

梅赫塔　對，但前提是我們要能看出自己嫉妒。

克里希那穆提　對。我們常常會嫉妒：嫉妒別人比我們住更大房子、穿更漂亮衣服、有更多錢，諸如此類。每個人都可以看出自己的嫉妒心理。所以，當我們嫉妒，可不可能即時擺脫它而不容許時間介入？這是全部的重點。

梅赫塔　難道嫉妒不是對感官獲得的知覺的一種心理反應嗎？

克里希那穆提　正確。

梅赫塔　而不是感官功能……

克里希那穆提　實在的功能。

梅赫塔　感官的活動不是由實在的物理環境決定的嗎？

克里希那穆提　對，顯然如此。

梅赫塔　所以心理反應會尾隨感官活動，在我們裡面以痛苦或快樂驅策我們。

克里希那穆提　顯然如此。你開一輛大車子，我開一輛小車子。這樣便有了比較。

梅赫塔　對，比較之所以會產生，部分是因為別人把什麼擺在我們面前，而那東西比我們自己擁有的更棒或更怡人。所以我們就陷入一種心理習慣。

克里希那穆提　這種習慣始自童年。你的學校成績不及你哥哥的好，你便會嫉妒。整個教育制度的重點都放在比較不同學生的能力。現在，我們必須擺脫這種……

羅睺羅　對。

福布斯　但難道我們不是才剛剛得出結論：任何被捲入量度和思想的東西都不可能擺脫量度和思想？

克里希那穆提　我們首先要領悟它的實在性，不要光說：「對，我在知性上了解了。」

福布斯　體認這個道理需要思想嗎？

克里希那穆提　不需要。

福布斯　那我們又是怎樣……

克里希那穆提　別急，一步一步來。我們有看見我們在心理上利用時間，有看見心理時間只是一種假象嗎？如果我們想要真正看見，就必須先弄清楚這一點。我以為我終將可以上天堂，或以為我終將得到開悟，或以為我透過一輩子或幾輩子的努力終將進入涅槃——這一切都是心理時間的觀念作祟。我們正在探究的，是這東西是不是假象。如果它是假象，它就是思想的一部分。

福布斯　對，為了看見這個事實，我們就不能運用思想。

克里希那穆提　先等一等。我們的理解會不會只是停留在語言文字表面？

福布斯　你是指只停留在思想層面的理解？

克里希那穆提　對，思想的層面。我們目前的溝通是透過語言文字，而這些語言文字是經年累月累積起來，所以我們能理解它們的意義。但我們可曾看見——不要假藉論證、解釋、合理化——是思想創造出心理時間，要用它來獲得一些什麼？

瑪莉．津巴利斯特　看見這個的時候，我們可以是仍然停留在思想過程的裡面的嗎？

克里希那穆提　等一等。

瑪莉．津巴利斯特　你談到的就是這樣一種看見嗎？

克里希那穆提 不對。這個我稍後會再談。我想要一步一步來，否則事情就不會完全弄清楚。各位跟得上我的思路嗎？

羅睺羅 我跟得上。

克里希那穆提 我的說法正確嗎，先生？

羅睺羅 我還不能下定論，因為我不知道這番討論會通向何處？

克里希那穆提 我也不知道。（笑）但我陳述的是一個事實。

羅睺羅 對，確是事實。我有看見。

古迪．納拉楊 要理解你的話還有點困難，因為大自然界的事物都是透過時間成長和成熟。

克里希那穆提 這個問題我們已經交代過，古迪．納拉楊，不要倒回去了。

古迪．納拉楊 我不是要倒回去。但人類看見世界上有許多透過時間而成熟的例子，便不自覺地認為同樣道理適用於自己身上。

克里希那穆提 我們討論過了。

古迪．納拉楊 對，所以人會被困住。

克里希那穆提 他會執著，以為時間可以讓他在身心上自我改善。

古迪．納拉楊 我談的不是自我改善，而是成熟。在自然界，成長和成熟隨處可見。

克里希那穆提 對，但先等一等。你所謂的成熟是什麼意思？「成熟」一詞可以有很多不同意思。一棵樹會在某個年紀成熟，一個人會在某種年紀達到生理成熟。再來還有成熟的乳酪。（笑）

古迪．納拉楊 對，我說的成熟就像從花苞結出果子。

克里希那穆提 對，果子會成熟，供人採摘。但這是一種生理成熟。我想知道的是，有沒有心理成熟。

帕楚 知性成熟可能就是一種心理層面的成熟。

瑪莉．津巴利斯特 在虛幻世界裡，某種心理成熟是可能的，但那仍然是奠基於思想和時間。

克里希那穆提 對，瑪莉，但我剛才要問的只是，我們真的清楚明白，我們是把時間用作一種帶來改變的心理催化劑嗎？

梅赫塔 容我請問你，先生，當你說「我們有看見心理時間是一個假象嗎」，你所謂的「看見」是什麼意思？

克里希那穆提 我說的「看見」是指沒有思想干預的情況下觀看。

梅赫塔　那表示完全意識或覺知到「時間是假象」的事實。

克里希那穆提　對，像看見一條蛇那樣看見，沒有把牠誤看成繩索。

梅赫塔　你是否同意，這種看見會完全改變一個人的覺知模式，或說意識模式？當你真正意識到什麼，你就不再必須……

克里希那穆提　且慢。我想請問，你是怎樣理解「意識」和「意識到」……

梅赫塔　它們都是難定義字眼。

克里希那穆提　難定義字眼。當我們看見這支麥克風，我們可以光是看見它，而不去想它叫作麥克風嗎？可以不用任何名稱稱呼它，光是看見它的形狀，光是觀看而不帶有反省嗎？

梅赫塔　不稱呼它。

克里希那穆提　不命名、不分析，這些通通都不要。

梅赫塔　換言之，看見就是一種整體看見，近乎於你就是你看見的東西。

克里希那穆提　不對，這會產生二元性。「你變成它」這本身包含「你」和「它」。

梅赫塔　如果你是以一種融入其中的方式看見它就不會。這時，你覺知到的會是一個統一的整體。

克里希那穆提 等一等，先生。你又用了相當深奧的字眼。

羅睺羅 我不認為他是那個意思。

克里希那穆提 先生，按照一般的理解，觀看意味看見什麼、想起它的稱謂，然後產生喜不喜歡或諸如此類的感覺。但我所謂的觀看或看見，卻是指首先聆聽，不把它抽象化為一個觀念。我不知道你懂不懂我的意思？

羅睺羅 懂，我懂。

克里希那穆提 舉個例子。先前我說過，心理時間並不存在，是由思想虛構出來，所以也許只是個假象。現在，你們光是聆聽這幾句話，不要去詮釋，不要去分析，不要說「我理解」或「我不理解」。光是聆聽，不要從它們構作出一個觀念。如是聆聽、如是觀察。你覺得如何，先生？

羅睺羅 我想請問，你在設法說明什麼？

克里希那穆提 我在設法說明，真理是不可能透過時間被知覺、被看見。

羅睺羅 不錯。

克里希那穆提 等一等，你不能只是同意我。

羅睺羅 我不是只是同意你，我是有看見。這就是何以我會問你在設法說明什麼。

克里希那穆提　我在設法說明……不，我不是設法說明，是正在說明！（笑）

羅睺羅　當然，你正在說明你想說的。

克里希那穆提　抱歉！我是在說明，人透過與外在世界比較，創造出心理時間作為達成某個嚮往目標的手段。

羅睺羅　我同意。

克里希那穆提　不，你有像看見一個事實那樣看見它嗎？所謂的事實就是只能如此。

福布斯　負責觀看的心靈機能和看見真理的機能是同一個嗎？

克里希那穆提　史考特，我問你，你有在聆聽我說的話嗎？

福布斯　有。

克里希那穆提　你是怎樣聆聽的？

福布斯　起初我光是聆聽。

克里希那穆提　你有從其中構作出一個觀念來嗎？

福布斯　有，但那是稍後。

克里希那穆提　不，那是一個同時發生的過程。你在聆聽的同時便構作出一個觀念，而那個觀念並不是實際觀察。這就是我要指出的。從古希臘人和古印度人開始，我們的整個知覺結構便是奠基於觀念。觀念不是實際發生，而實際發生就是切實聆聽。

梅赫塔 觀念只是切實聆聽的一幅畫像。

克里希那穆提 對，那是一種對如實觀察的規避。

梅赫塔 規避眼前的事實。

克里希那穆提 對，規避看和聽。

史密斯 那麼，有些東西也許是我們老是規避的。

羅睺羅 不錯。

史密斯 我們一直在談思想創造來獲得自由、解脫或救贖的各種工具。我猜想，是思想裡的某種成分驅使它那樣做，而這種成分也許就是痛苦悲哀。

克里希那穆提 對，先生。是因為我們想透過得到獎賞來逃避痛苦。

史密斯 看來所有文明都是這個樣子。最發達和最原始的文明都是這個樣子。

克里希那穆提 顯然如此。因為我們所有的思想都是基於兩個原理：追求獎賞和逃避懲罰。我們追求的獎賞是開悟、上帝、涅槃，總之是能夠讓我們遠離焦慮、內疚和痛苦的東西。

梅赫塔 要擺脫獎賞和懲罰的觀念是不可能的嗎？

克里希那穆提 這正是我準備要談的。只要心靈一天按照獎賞和懲罰的架構思考，我們就一天離不開時間。

梅赫塔 為什麼我們的心靈會以這種方式思想？

克里希那穆提 因為我們被教育成這個樣子。

梅赫塔 說得不錯。

克里希那穆提 我們從小就受到制約。西方人從古希臘的時代便受到制約，因為他們非常看重量度。要不是這樣，他們就發展不出那麼多科技知識。

梅赫塔 會有這種情形，是不是因為我們讓自己和一個獨立的「自我」觀念綁在一起？假定我們能夠用整全的方式觀看、聆聽和觸摸，就能夠覺知到整體？

克里希那穆提 當一個人不明白思想的運動，他就不能覺知到整體，因為思想本身是被侷限的。

梅赫塔 對，思想意味著把自我意識當成一種獨立的東西。否則它就不會存在。

克里希那穆提 先生，這種自以為獨立的意識是怎麼出現的呢？

梅赫塔 首先是制約作用作祟。

克里希那穆提 這是顯然的。

梅赫塔　它會區分你、我、他。

克里希那穆提　當然還有量度。

梅赫塔　對，還有量度。人總是不能自已地把物理領域的量度套用到心靈領域。

克里希那穆提　不錯。

梅赫塔　諸如此類的。

克里希那穆提　所以我們已經談到了重點。很顯然地，人利用時間作為獲得獎賞的手段。那獎賞就是讓他可以離開他身處的痛苦。所以說，對獎賞的追求就是時間的運動。但真有時間這回事嗎？它是我們虛構出來的，是一種假象。這種假象讓我們無法到達真理。所以，心靈必須徹底擺脫量度的運動。這是可能的嗎？

梅赫塔　只許簡單回答的話，我會說「可能」。

克里希那穆提　你說的這個「可能」是一個邏輯結論還是一種猜測或渴望？還是說事實如此？

梅赫塔　當然是事實如此。如果有所謂的理所當然的話，那麼……

克里希那穆提　那我就假定事實如此。但我們一輩子都是走在相反方向。

梅赫塔　如果一個人真正看見……

克里希那穆提　這正是我們一直在談的。

梅赫塔　他就不會走在相反方向。

克里希那穆提　所以，我們究竟是哪種情況？是真正看見，或只是**自以為**看見。

梅赫塔　問得很對。

瑪莉．津巴利斯特　我們可以倒回前面一下子嗎？你提到觀察。你說當你聽到一句語句，就會觀察它。在這種觀察中，心靈的作用何在？

克里希那穆提　可以這樣說……請不要光是接受我說的，讓我們一起來找出答案。可以說，所謂的觀察就是光是觀看，不去命名、不去量度、不帶動機、不帶目的。那顯然就是實際看見。「觀念」一詞源自希臘文的「看見」。

瑪莉．津巴利斯特　我們大概全都會同意這一點。但是在看見那一刻，起作用的是什麼？我想，在大多數人身上，起作用的是某種邏輯。

克里希那穆提　不對。

瑪莉．津巴利斯特　但從你說過的話，事情很明顯是那樣。

克里希那穆提　觀看意味寂靜，不形成任何結論，只靜靜觀察，不產生任何心理或感官或記憶回應。有的只是視覺或內在直觀。

羅睺羅 也不做出價值判斷。

克里希那穆提 對。

梅赫塔 先生，你認為這種狀態不包含任何來自大腦或感官的反應？

克里希那穆提 等一等，把大腦帶入目前的討論有危險性。這樣一來，我們又得討論大腦的問題，而這個問題非常複雜，我目前不想處理。我所說的觀看意味著思想的絕對靜止。

梅赫塔 一個例子是獲得異乎尋常靈感的科學家。創作出原創性作品的藝術家也是這樣。當科學家發明出新東西，或藝術家創作出新作品時，他們的內心都非常寂靜，這樣，全新的東西才能誕生。這種內心寂靜狀態是一種有生造力的暫停。

克里希那穆提 對，先生，但科學家的直悟或知覺是片面的。

梅赫塔 也就是說，那個直悟的形成是不完整的。

克里希那穆提 不只是形成的問題，更在於他們的洞察這件事本身，因為真正的直悟會帶來整個生命的轉化。而不是說「我是個科學家」，我就對數學、物質或原子有所洞察。直悟蘊含著整個人生改變的方式。

羅睺羅 完全正確。

梅赫塔　任何直悟都是背景整體的一個特定顯現。

克里希那穆提　不，先生，不要把話題引向這個方向，那樣做會引起相當大的混亂。現在讓我們稍微談一談直悟或看見。直悟意謂一種不包含回憶的觀察。這時，心靈會非常警覺，不受任何積累的羈絆，只管觀察。只有這樣，你才會得到直悟。但這種直悟關係到人的整個生命，不是只關係到你作為一個科學家或藝術家的身分。他們有的只是片面的直悟。

羅睺羅　只是一小塊碎塊。

克里希那穆提　對，一片直悟斷片。那不是我們現在要談的。

羅睺羅　我們談的是整個生命。

克里希那穆提　對，人的整個生命。

梅赫塔　所以，在你所談的那種狀態中，不會有任何反應。

克里希那穆提　當然。那不是一種因果反應。

梅赫塔　它是擺脫因果性的。

克里希那穆提　毫無疑問。否則我們就仍然是老樣子，只是按照動機行事。

羅睺羅　而且，這種看見是超越時間，不為時間所侷限。

克里希那穆提　直悟不牽涉時間。

羅睺羅　對，所以它也自然既不是因，也不是果。

克里希那穆提　對，但先等一下。我們有**看見**心理時間是思想所虛構嗎？還是說我們的知道只是停留在文字、觀念的層次？

羅睺羅　會不會，心理時間其實是看見所必須？

克里希那穆提　不對。我們已經討論過這個問題。時間是人所虛構，用以獲得某個他想要的目的、獎賞。你們是把這個道理看成一個**觀念**，還是事實？它是個顯然不過的事實。然則，一個人又要怎樣完全擺脫時間的觀念？我說過，要想做到這個，人得先能直悟時間是思想所虛構。這種直悟不需要努力，不需要聚精會神。它是真正的冥想。

梅赫塔　事實上，它光是發生。

克里希那穆提　它是真正的冥想。

福布斯　先生，我想大多數人在聆聽你的話之後，都會陷入一個兩難。那就是，為了得到那直悟……

克里希那穆提　那不是你所能**得到**。

福布斯　好吧。為了讓這直悟發生，一個人必須對思想先有所直悟。這聽起來像個封閉的循環。

克里希那穆提　不對，我們說過，思想是記憶的回應，而記憶是知識、是經驗，所以，思想總是來自過去，從不能擺脫過去。

福布斯　我們也說過，必須有一種看見，一種不帶有……

克里希那穆提　看見它！

福布斯　對。我們不可能在帶著思想的情況下看見它。我們說，必然有一種看見，它是對……

克里希那穆提　是對思想的直悟。

福布斯　對思想的直悟。

克里希那穆提　稍等。思想是記憶的回應，記憶是儲存在大腦裡的經驗，是變成知識的經驗。所以知識總是過去的東西，而思想是從過去生起。這是無可辯駁的。我的意思是，它是個事實。現在，這道理對你來說只是個觀念，還是感知到的實在？你可曾看過有人透過知識獲得提升？人大概可以在科技層面進步，但在心理的層面，如果他繼續累積知識，就會被陷阱困住。你們有看見這個嗎？還是說只把它當成一個觀念，並在心裡說「你的話是什麼意思」。

福布斯　但是，要能看見這個道理，我們必須是自由的。

克里希那穆提　不用，光是去看便足夠。不要分析，不要詮釋，不要有好惡，光是聆聽。如果你這樣聆聽，你就能夠吸收「思想是回憶的回應」的事實。然後你就能夠前進。思想可曾有可能擺脫自己的母親、自己的根源？斷然不能。

史密斯　但思想可以意識到自己的活動。

克里希那穆提　當然。我們先前已經談過了。

瑪莉．津巴利斯特　你認為，當直悟出現，它就不會倒回思想的機制？

克里希那穆提　不會，當然不會。當你有了一個直悟，你就會有所行為。但要記住的是，直悟意謂即時的行為，不是先有一個直悟，跟著才有行為。直悟本身便包含著行為，而這行為總是正確。「正確」在這裡意謂精準、不會讓人後悔、不需要努力、不考慮獎賞或懲罰。它只是它自己。

史密斯　但這行為不必然是做什麼事。與表現在外的行為相比，我們也許可以稱之為「非行為」(nonaction)。

克里希那穆提　這行為可以同時是表現在內和在外。當我能直悟執著，比方說對觀念的執著、對結論的執著、對人的執著、對知識的執著、對經驗的執著，執著就不再能起作用。

羅睺羅　是不是可以說，直悟執著就是**看見**它是假象？

克里希那穆提　對，但你必須確定它是一個假象。

羅睺羅　不管稱之為假象或是其他名稱，重點是看見。

克里希那穆提　去看見「實然」(what is)，就這麼多。

羅睺羅　對，去看見「實然」。不要給它名稱。

克里希那穆提　對，光是去看見「實然」。

羅睺羅　看見「實然」就是看見真理。

克里希那穆提　不要把真理的話題帶進來，我還沒準備好要談它。

羅睺羅　我想趕在一點鐘之前討論它。(笑)我不想推遲，但你的主要論點是，不要落入時間。看見「實然」就是看見真理。我認為這是對真理的最扼要說明，真理並不是……

克里希那穆提　先生，我不知道真理是什麼。

羅睺羅　我說過了，看見的就是真理。

克里希那穆提　我不知道什麼叫看見。你告訴我什麼是看見，但我可能沒有看見，只是**自以為**看見。

羅睺羅 那你就是沒有看見。

克里希那穆提 我們必須非常肯定我們不是**自以為**看見。這是我們一輩子在犯的毛病。

羅睺羅 自以為看見不同於看見。

克里希那穆提 但一般人認為他們有看見。他們認為他們看見我所說的道理，但他們可能沒有實際看見「實然」，只是以為自己看見。

福布斯 他們只是知性上明白。但有什麼方法可以讓一般人進入正確的看見，進入不帶思想的看見？

克里希那穆提 我已經解釋過了，先生。首先，我們必須聆聽。但我們真有聆聽嗎？還是說我們滿腦子想法，讓我們無法聆聽？你們看著我，心裡想：「他是個印度人，什麼都不懂，不要理會他。」或你們會覺得：「原來他是這樣或那樣想的。」所以事實上你們並未聆聽。

福布斯 好，那問題就是，如何才能帶來正確的聆聽？

克里希那穆提 有人說方法是經歷痛苦，但那只是胡說。有人說方法是努力，但那只是胡說。當別人說「我愛你」，我們就會聆聽，對不對？所以，你們是不是可以用同樣的態度，聆聽你們認為是不怡人的說話。現在，讓我們回到真理的話題。今天下午是不是還有一場討論？我們要不要到時候再來追尋真理？

羅睺羅　不，我不想等待真理。（笑）

克里希那穆提　你想在五分鐘內得到真理嗎？

羅睺羅　我連五分鐘都等不了。

克里希那穆提　一分鐘？

羅睺羅　一分鐘。如果你一分鐘內說不出何謂真理，那五分鐘也不會夠用。

克里希那穆提　我相當同意。好吧，就一分鐘。真理是不可能透過時間看見。只要自我還在，真理就不會存在。只要思想有活動，真理就不會進入存在。真理是不可以量度。凡是沒有愛、沒有慈悲、只靠自己智力的人不會看見真理。

羅睺羅　你看，你就像佛陀開創的傳統一樣，也是從反面來說明何謂真理。

克里希那穆提　容我指出，你已離開了真正的聆聽。

羅睺羅　我有聆聽，很用心地聆聽。

克里希那穆提　那你應該會聞到它的芬芳。

羅睺羅 我有聞到。這就是我為什麼想要在一分鐘內得到答案。

克里希那穆提 然則，先生，真理和真實的關係是什麼？回答時請務必謹慎。兩者是永遠分離的嗎？

羅睺羅 不是。

克里希那穆提 不是？

羅睺羅 不是。我毫不懷疑它們不是分離的。

克里希那穆提 你怎麼知道？

羅睺羅 我就是知道。

克里希那穆提 你說「它們不是分離」，請問這話是什麼意思？

羅睺羅 就像我說過的，用看的就會知道。

克里希那穆提 等一等，先生。你說真理和真實不是分離的。那表示思想和真理總是在一起。如果它們不是分離，那它們就是一個統一的運動，是思想……

羅睺羅 其中沒有思想。

克里希那穆提 等一等，先生。我說過，真實就是由思想組合起來的一切。這是剛才大家都同意的。有人也許會用「真實」來指別的東西，但我不管，就目前，我用它來表示思想組合起來的一切，包括假象。但真理卻和這一切無關，也不可能有關。所以，兩者不可能是在一起的。

羅睺羅　看見假象就是看見它的「實然」，就是看見真理。「實然」就是真理。捨此別無真理。「實然」就是真，非實然就是假。

克里希那穆提　不對，先生，不對。我們說過，真實是思想的運動，而真理是沒有時間性的。真理沒有時間性，它不是你的真理、我的真理或他的真理。它是超越時間。但思想卻是牽涉時間，所以兩者不可能是在一起。

羅睺羅　我說它們不是二分。你的則是一種二元論，因為你把它們分開。

克里希那穆提　沒有，我沒有。我也許是錯的，但我說過，是思想創造假象，帶來許多虛妄。它甚至騙自己說：「對，我看見了真理。」所以，我們必須看得非常清楚，讓虛妄沒有存在餘地。如果我們不明白「真實」的本性，虛妄就無可避免會存在。

羅睺羅　我想我們已經去到了真理。

克里希那穆提　我沒有去到真理。真理不是我能去到的。

羅睺羅　你看見了真理。

克里希那穆提　我沒有看見真理。你的說法非常要不得。我不可能去到真理，不可能看見真理，因為只要自我存在，真理就無法存在。

羅睺羅 說得不錯。

【第五回談話】死後生命

一九七九年六月二十八日於布洛克伍德帕克

克里希那穆提　先生，你提的問題是有沒有死後生命這回事。

羅睺羅　我可以先解釋一下嗎？我想向你請教這個，是因為就我所知，所有宗教都假定人有死後生命。佛教和印度教都認定，人不只有一生，而是有很多上輩子和下輩子。基督教則認為，人只有一輩子，死後不是上天堂就是下地獄。

克里希那穆提　對，先生。伊斯蘭教也是這種看法。

羅睺羅　對。我對其他宗教所知不多，但上面提到的幾種宗教都斷言人有死後生命。瑣羅亞斯德教（Zoroastrianism）看來也是這樣，但我不確定。除佛教以外，所有這些宗教都認為人有一個靈魂、自我或阿特曼，總之是一種長住不變的永恆物質，它可以投胎轉世。佛教不接受這種觀念，把人看成僅僅是五種身心聚合體構成，用專門術語說，便是由「名色」構成。

克里希那穆提　名色。

羅睺羅　這是佛教常用的術語。「名」指心理性質，「色」指肉身。根據佛教的解釋，這些都是能量或力。在佛教，所謂的死是指身體不能再運作。

克里希那穆提　對。

羅睺羅　但身體失去功能不代表所有其他性質與能量不再運作。只要一個人繼續是不完美，繼續沒有看見真理，他的欲望就不會斷，繼續活下去的意志就不會斷。但當一個人看見真理，他就沒有七情六欲可言，就不會再有變化。不完美的人總是有欲望和意志。誠如你今天早上所指出的，他以為自己可以透過時間越來越精進。

所以他需要重生。但根據佛教，貫穿前世和今生的不是一種不變的物質，只是因與果。出於同樣道理，佛教認為我們每一剎那都在死去和重生。所以，說佛教主張人會「投胎轉世」是一種錯誤說法，因為根本沒有可供投胎轉世的東西。「輪迴」也不是一個好的用語。我們今日常常說的「重生」其實也不太正確。這個觀念巴利文作 *punabbhava*，指的是「再變化」（re-becoming），所以前世和今生是一個不間斷的變化連續體。這是佛教的觀點。佛經常常談及一個問題：前世和今生中，那個人是一個人還是兩個人？傳統佛教的回答是：「既非一亦非二。」情形就好比一個小孩長大為五十歲的大人。小孩和五十歲的大人是一個人還是兩個人？既非一個人亦非兩個人。這是佛教對重生的態度。

現在我想知道，你對這個問題的看法和詮釋。

克里希那穆提　先生，我們可以攜手一道嗎？

羅睺羅　你是說，你要我先說說看法？

克里希那穆提 不，我們一起來探究。

羅睺羅 好。

克里希那穆提 你是否認為，所有的人，不管是住在美國、俄羅斯、印度還是歐洲，都是被困在悲哀、愁苦、孤單、迷惘之中？這是全世界人類的共同命運。悲哀愁苦構成了普通人的意識內容。你同意嗎，先生？

羅睺羅 同意。

克里希那穆提 世上所有人類有著一樣的心理內容。他們外表上也許不同，有人高些，有人矮些，但心理層面極其相似。所以，我們大可以說：你就是世界。同意嗎？

梅赫塔 完全同意。

克里希那穆提 你同意嗎，先生？你就是世界，而世界就是你。對不對？

羅睺羅 一定程度上同意。

克里希那穆提 不，不是一定程度上，不是部分。那是事實。你生於錫蘭，他生於印度，另一個人生於美國或歐洲。你們的文化、氣候、食物也許不同，但內心一樣充滿焦慮，充滿罪惡感，不是對什麼事感到內疚，而是單純的罪惡感，對不對？

羅睺羅 對，但我會說我充滿的是「焦慮」，不是「罪惡感」。罪惡感只會出現在某種社會。

克里希那穆提 我認為「罪惡感」的說法沒有錯。除非一個人麻木不仁，否則一定會感到罪惡感。但這不是重點。

史密斯 罪惡感在西方社會大概較為盛行，東方則是以恥感為主。

克里希那穆提 罪惡感在東方只是換上不同名稱。

史密斯 但感覺是一樣的。

克里希那穆提 那是業，或者說他們的命運之類的。好吧，那我就不稱之為「罪惡感」，改稱之為「焦慮」。

羅睺羅 好，焦慮。

克里希那穆提 還有寂寞、絕望、各種形式的憂鬱、悲傷、恐懼，這些都是人類的共同命運。這是顯然的。人的意識是由它的內容構成，而全世界人的意識內容多少相似，除了他們的身心名色之外。你同意嗎？

羅睺羅 同意。

克里希那穆提 所以我們大可以說，「人類彼此相似」不是一個命題而是一個事實。歸根究底，你就是我。

羅睺羅 你我有相似性。

克里希那穆提 我就是這個意思。我就是你。

羅睺羅 對，你我彼此相似。

克里希那穆提 因為每個人都會經歷各種悲哀愁苦，所以全世界的人是一。你同意嗎？

梅赫塔 人類是一。

克里希那穆提 如果你看見這一點，接受這一點，那死亡是什麼？死去的是誰？是名色嗎？當一個人死去，他的焦慮、痛苦和憂愁也會死去嗎？你明白我的意思嗎，先生？在我看來，世界確實就是「我」。這不只是一種措詞。我就是世界。人有不同身體外形、不同身高、不同膚色，但這些不是我們要考慮的。心理上，我們都會經歷各種悲哀傷痛。那是人類的共通意識，是一條人類生活在其中的河流，對不對？

如果你真正看見這個事實，不是把它當成一個觀念，那死亡是什麼？死去的是什麼？是身體，是形相嗎？「名色」會因人而異，例如你是男人，她是女人，諸如此類。但人類都住在同一條河流裡，這河流偶爾會濺起快樂，極偶爾會濺起大喜樂，極偶爾會濺起大美。那是我們的共同生命。它是一條大河流，不停歇地流淌著，無時或已。我們來討論討論這個吧，因為你可能會不同意。

瑪莉．津巴利斯特 先生，你是不是說，相對於這條大河流來說，大部分人所秉持的觀念——「人擁有個體意識」完全是一種假象？

克里希那穆提 我認為是假象。

瑪莉．津巴利斯特 為什麼人類一律相信這個假象？

克里希那穆提 因為它是我們教育的一部分、文化的一部分。不管是世俗文化還是宗教文化都告訴我們，我們是個體。「個體」一詞真是被誤用得可以，因為「個體」意指不可分割。但我們所有人都是破碎的，所以沒資格自稱為個體。

梅赫塔 我們被碎片化。

克里希那穆提 我們被碎片化、被打破。所以，如果我們看見人的意識就是世界的意識，就是……

梅赫塔 所有人類的意識。

克里希那穆提 對。人類意識的大河流沒有起點，也會永遠流淌下去。我和別人都只是這河流的一部分。我們都會死。這時，我們的欲望、我們的所有焦慮、恐懼、嚮往和揹了一輩子的憂傷會發生什麼變化？當身體死去，它們會發生什麼事？

梅赫塔 會混入意識大河流之中。

克里希那穆提 它們是世界大河流的一部分。

梅赫塔 正是。

瑪莉．津巴利斯特 它們從來不是你的。

克里希那穆提 它們不是我的，是大河流的一部分。大河流有時會顯現為克里希那穆提，以他的形相顯現。先生，我說的這個和世上所有宗教的說法都大異其趣。

羅睺羅 我想提一個問題。你說克里希那穆提存在於大河流裡……

克里希那穆提 且慢。根本就沒有克里希那穆提存在。這是重點。有的只是大河流本身，而它是由欲望、恐懼、絕望、孤單構成。

梅赫塔 還有它們的對立面，例如痛苦的對立面等等。

克里希那穆提 我的快樂只會持續幾天，然後便得再次追求，求不得便會哭泣。當我們得到獎賞，就會感到得意。這些同樣是大河流的一部分。

梅赫塔 先生，你覺得我們是出於無明，才會把個人誤稱為個體嗎？

克里希那穆提 那不只是一種誤稱，因為我壓根兒不認為個人存在。你固然擁有自己的名字和銀行帳戶，但你的意識和所有人無異。

梅赫塔　但如果我們說個人不存在，便也得承認人類不存在。

克里希那穆提　不對，而這也是我準備解釋的。如果我們看見這個道理，即看見我們不管生而為印度人、歐洲人還是美國人，都會經歷一個可怕的人生，就會知道你我是一樣的。我是說實際看見而不只是知性上明白。

瑪莉．津巴利斯特　這是不是說，沒有人離開得了意識大河流？

克里希那穆提　等一等，我稍後會談這個。在大河流中，人類發明了諸神、宗教儀式、救世主、聖母、黑天（Krishnas）等等，這些全是大河流的一部分。它們是人類虛構出來的。

瑪莉．津巴利斯特　但除了這些虛構、這些假象，大河流裡難道沒有其他東西嗎？

克里希那穆提　問得好，它裡面會不會有任何精神性的東西？會不會有某些不受時間所囿的的東西？

瑪莉．津巴利斯特　某些不屬於大河流的東西。

克里希那穆提　大河流裡會不會有不是人造的東西？讓我們姑且稱之為「人造的東西」。妳要問的是這個嗎？

瑪莉．津巴利斯特　我不確定。不管你怎麼稱呼，人類心靈或說人類意識裡有沒有不屬於大河流的東西？

克里希那穆提 有，人類虛構的東西。

瑪莉．津巴利斯特 不，不是虛構的，是真實的。

克里希那穆提 大河流裡沒有真實的東西。

瑪莉．津巴利斯特 我不是問大河流裡還有沒有別的東西。我問的是，除大河流以外，人裡面還有沒有別的東西？

克里希那穆提 沒有。沒有我、沒有靈魂、沒有上帝。拜託別接受這些東西。

瑪莉．津巴利斯特 這種說法後果深遠。

克里希那穆提 確實後果深遠。

瑪莉．津巴利斯特 若真是如此，那麼，大河流是不會停的。

克里希那穆提 不對，對脫離的人來說不會……但現階段我不想談這個。我想慢慢來，一步一步探究。現在我再請問一次，你們接不接受，大河流是由人類的共同意識構成？因為你們可能不會同意。

羅睺羅 我沒有同意或不同意。我正在思考、默想。瑪莉提到一個重點。

克里希那穆提 對，我接著就會回答她。

流。

羅睺羅　大河流是沒有出口的嗎？

克里希那穆提　我接著就會談這個。對，沒有出口。

羅睺羅　不管那是什麼東西。

克里希那穆提　但是我們談的是死亡。大河流是我們共通的，我們的意識就是大河流。

薩昆塔娜．納拉楊　先生，你是不是說，思想是我們所共通，因為這一切都是思想的一個創造和顯現？

克里希那穆提　對。它們不只是思想所創造，還是思想虛構的假象所創造。

薩昆塔娜．納拉楊　還有這些假象的運作。

克里希那穆提　對，還有這些假象的運作。基督徒、佛教徒、印度教徒、英國人、法國人、俄國人和各種意識形態，這些全都是大河流的一部分。

梅赫塔　先生，我可以請問，我們現在的討論也是思想的運作，也是一種假象嗎？或者是遍在於整個思考歷程中的心生起這一切的念頭？

克里希那穆提　別急。我想先確立一件事情：我們是大河流的一部分。

梅赫塔　對，是那樣。

克里希那穆提 所以，當身體死去，欲望、焦慮、痛苦和悲慘會繼續下去。我死了，但大河流會繼續流淌。先生，你反對嗎？我看不出來你有什麼辦法反對。

羅睺羅 我沒有反對，沒有接受。

克里希那穆提 你在等待，對不對？

羅睺羅 等待你說出結論。

克里希那穆提 大河流把自己顯現為克里希那穆提。

羅睺羅 不是整條大河流。

克里希那穆提 大河流就是七情六欲。

梅赫塔 克里希那穆提只是整條大河流其中一個顯現。

克里希那穆提 不對，克里希那穆提是整條大河流的顯現，不是其中一個顯現。

梅赫塔 怎麼會是這樣？

克里希那穆提 抱歉，我會再解釋清楚一點。大河流把自身顯現為克里希那穆提，同意嗎？

羅睺羅 然後大河流又把自身顯現為羅睺羅。

克里希那穆提 先不要說這個。大河流把自身顯現為克里希那穆提，而因為文化薰陶和教育的作用，克里希那穆提獲得了某些能力，比方說繪畫能力，或蓋一座漂亮的大教堂的能力。但我們要談的是心理層面。我們都同意，大河流就是我說的樣子。

羅睺羅　我不確定。

克里希那穆提　你不確定？這話怎講？

羅睺羅　我完全同意，整個人類毫無例外是……

克里希那穆提　是一。

羅睺羅　你提過的各種痛苦是全人類的共同經驗。這意味著我們都是平等的，但不是一。

克里希那穆提　不對，沒有平不平等的問題。我們是同一條大河流。

羅睺羅　是這樣沒錯。

克里希那穆提　我是全人類的代表，因為我就是那條大河流。

羅睺羅　這個我就不確定了。

古迪．納拉楊　那是就性質而言。

克里希那穆提　何謂就性質而言？

古迪．納拉楊　當你說「我是那條大河流」，是指大河流的所有性質都集於你一身。

克里希那穆提 是這樣沒錯。

古迪・納拉楊 但你不能說你是整條大河流。你只是包含大河流所有性質的一滴水滴。

羅睺羅 不錯。

克里希那穆提 但大河流就是我說的那樣子。

瑪莉・津巴利斯特 用波浪當例子會不會有幫助？波浪雖然是波浪，卻無異於整個大海的其他部分。

克里希那穆提 對。

瑪莉・津巴利斯特 但當一輪海浪消退，大海就會顯現。

克里希那穆提 妳喜歡這樣說也無妨。但有一點必須記住：我們每個人都是全人類的代表，因為我們是大河流的一個代表，而大河流就是全人類。所以，我們每個人都代表著人類整體。

羅睺羅 這樣說比較恰當。

克里希那穆提 你既然首肯，我們就繼續討論吧。大河流會把自身顯現為克里希那穆提。還是改說顯現為X好了，不要再管克里希那穆提。大河流顯現為具有名色的X，但是大河流有個性質，它會把一切都涵攝在它裡面。

羅睺羅　不只顯現為X，還顯現為Y、顯現為Z。

克里希那穆提　還有無以計數的其他人。

羅睺羅　對，這就是我想要釐清的。

克里希那穆提　一旦大河流的一個人或說一個顯現離開了大河流，他就會完全擺脫大河流。

羅睺羅　那他豈不就不是全人類？如果他就是全人類，那當他離開了大河流，全人類也會離開大河流。

克里希那穆提　稍安勿躁，先生。如果大河流把自身顯現為X，又如果X沒有在這個顯見中完全擺脫大河流，他就會回到它裡面。

瑪莉．津巴利斯特　先生，這就是我先前提過的問題。

克里希那穆提　我現在要回答妳了。

瑪莉．津巴利斯特　但怎麼會這樣？你說過沒有東西可以離開大河流。

克里希那穆提　等等，我還沒有解釋。除大河流以外，沒有其他東西，對不對？它把自身顯現為A。在這個顯現中，如果A繼續受到環境和教育的束縛，無法脫離大河流，人類就不會有救贖。

瑪莉．津巴利斯特　先生，什麼叫脫離大河流？

克里希那穆提　結束掉一個人的焦慮、憂愁和其他所有。

瑪莉．津巴利斯特　但你說過，除了悲哀愁苦這些東西以外，大河流裡別無其他。

克里希那穆提　只有當你停留在大河流裡面時是這樣。

瑪莉．津巴利斯特　「你」是誰？

克里希那穆提　就是大河流把自身顯現而成的那個人。這個人自稱個體，但這不是事實，只是假象。當他死掉，他就會是大河流的一部分。這是清楚明白的。

瑪莉．津巴利斯特　對，但A是由大河流的水構成……

克里希那穆提　是這樣沒錯。

瑪莉．津巴利斯特　那大河流的水又怎能脫離大河流？

克里希那穆提　可以的。

帕楚　所以，是不是有某些邏輯謬誤存在於……

克里希那穆提　存在於我的解釋裡。

帕楚　對，因為你說過，你是全人類的代表，而全人類就是……

克里希那穆提　你認為是還不是？

帕楚　是。

克里希那穆提　不要光說「是」。從心理層面來說，你是不是人類整體的代表？

羅睺羅　我認為這種說法太籠統，有欠精確。

克里希那穆提　不，不會有欠精確。我已經解釋得很詳細。大河流的內容就是我們意識的內容，包括痛苦、欲望、衝突等等。

羅睺羅　這是人類共有的經驗。就此而言，所有人類是平等或一體。但我不能接受你說的，我就是全人類。

克里希那穆提　當然是那樣。如果我承認那條大河流存在，承認我是它的一部分，那我就和其他人類相似。

羅睺羅　你現在說的是**相似**。

克里希那穆提　因為相似，我便是大河流裡所有人的代表。

羅睺羅　這個我也可以接受。

克里希那穆提　我的全部意思就是這個。

羅睺羅　但你不能說：「我就是大河流，我就是整條河流。」

克里希那穆提　不對。我就是整條河流。

瑪莉・津巴利斯特　先生，你也許太執著於字面了。你的說法就像人是裝著整條大河流的容器（container）。

克里希那穆提　不，不是貨櫃（container）。別把貨櫃拉進來！

瑪莉・津巴利斯特　但由河流的水所構成的東西又如何能夠脫離河流？

克里希那穆提　自我本位觀念是大河流的一部分。

瑪莉・津巴利斯特　不是，我問的是，是什麼可以讓水脫離河流？

克里希那穆提　妳沒抓到我的重點。

羅睺羅　她在問的是：要靠什麼方法才能脫離大河流？

克里希那穆提　等一等，如果這就是她要問的問題，那我現在就可以回答。這是我拿手的——當然是開玩笑。你知道嗎，當你問「要靠什麼方法才能脫離大河流」，你就是設定了一種不在河流裡的東西。我說得對不對？

羅睺羅　或者應該說是**你**設定的。

克里希那穆提　我沒有。我什麼都沒有設定。我只是陳述實際發生的事情。我說過，一個人若是不脫離大河流，人類就不會有救贖。我說的就這麼多。

梅赫塔　先生，容我補充一句。我認為這位女士的問題裡帶有一個假設——有可辨識的永恆實體（identifiable permanent entity）。

克里希那穆提　沒有永恆實體存在。

梅赫塔　不，我說的是……

瑪莉．津巴利斯特　對，我是假設有一個什麼存在。但我不知道該怎麼稱呼它，我無法說得更具體。

克里希那穆提　我知道妳想說什麼。

瑪莉．津巴利斯特　必然要有一個X存在。我只能稱之為X，因為我不知道要怎樣稱呼它。

古迪．納拉楊　它帶有某種智慧（intelligence）。

克里希那穆提　他就是這個意思。

瑪莉．津巴利斯特　帶有某種可以讓它從大河流中走出來的東西。

克里希那穆提　那麼，是不是有某種智慧存在於大河流裡？

古迪．納拉楊　對，它看出了大河流的無謂。

克里希那穆提　它看見了……所以脫離。

瑪莉．津巴利斯特 所以，你是說大河流裡還有一些人性的東西，它可以……

克里希那穆提 先等一等。

瑪莉．津巴利斯特 它可以脫離整條河流。

克里希那穆提 如果妳不介意，讓我們從頭一步一步來，否則我們就會搞亂彼此。A是大河流的一部分。大河流把自身顯現為A。然後A看出人生是苦。這很清楚，對不對？

古迪．納拉楊 對。

克里希那穆提 他活著，感到焦慮，心想：「我為什麼會痛苦？這是怎麼回事？」於是他開始思考，他開始看見。所以，你們為什麼要引入其他因素？

瑪莉．津巴利斯特 那我們可以說，他的「看見」也是大河流的一部分嗎？

克里希那穆提 不是。

瑪莉．津巴利斯特 或是某種分子之類的。

克里希那穆提 不，妳沒有在聆聽。抱歉這樣說。

羅睺羅 我可以補充一句嗎，先生？

克里希那穆提 請。

羅睺羅　根據佛陀的教誨，大河流裡同樣包含著可以看見整件事情的智慧。佛教哲學把這一點解釋得非常清楚。這解釋可以回答瑪莉的問題。

古迪．納拉楊　是誰看見？看見什麼？

羅睺羅　看見整件事情，看見實相，如其所如地看見。這是我們今天早上討論過的。這「看見」本身就是一種「出離」。

瑪莉．津巴利斯特　你是說，出離大河流的行動不需要一個行動者？

克里希那穆提　對，我會解釋，但妳不是非要接受不可。我想這解釋是非常合乎邏輯、理性且明智的，除非有人過於糊塗，否則必定可以檢視這個說法。A是大河流的一部分，具有名色，他活著，意識到人生是苦，於是他開始探究痛苦的的本質，要終結這痛苦。然後他終結了痛苦，從大河流中脫離。這個脫離大河流的實體（entity）是獨一無二的。

福布斯　所以這個東西本來是不在大河流裡的？

克里希那穆提　當A領悟到人生是苦之後，他沒有選擇逃避痛苦，而是開始毫無動機地探究痛苦的性質。然後他對痛苦的整個結構得到一個直悟，這直悟本身終結了痛苦。

羅睺羅　這直悟本來也是在大河流裡的。

克里希那穆提 等一等，你設定了一種我沒有設定的東西。

羅睺羅 那你所說的直悟是從何而來？

克里希那穆提 我是很謹慎地把直悟帶進來。A意識到人生是苦。痛苦是大河流的一部分。

羅睺羅 A同樣是大河流的一部分。

克里希那穆提 對，大河流在A身上顯現自己。A領悟到人生是苦，但沒有選擇逃避，因為他想了解苦的性質和結構。所以，他非常謹慎地探討痛苦，但不是把它當成觀念探討。他看進痛苦裡面，而這個「看進」就是直悟。它不是大河流的一部分。

羅睺羅 這個「看進」又是從哪裡來的？

克里希那穆提 正如我說過，他關心，他研究，他探索。他想知道。

羅睺羅 這表示他的探索不是大河流的一部分？

克里希那穆提 對，不是。

福布斯 但我們剛才說過，有什麼走出了大河流……

克里希那穆提 等一等，我不會用「走出」這種說法。

福布斯 現在看來，我們正在談的是一種後來才出現的的東西，它原來並不是大河流的一部分。

克里希那穆提　看我有沒有說錯，有的話糾正我。A是大河流的一部分，他感到痛苦，所以自忖：「為什麼會這樣！」他不理會自稱知道答案的人怎麼說，自行探究。這探究有賴不理會權威和不逃避痛苦。A研究了痛苦的性質和痛苦的根源，最終，一個直悟從這探究中出現。它不是大河流的一部分。

福布斯　對。

羅睺羅　我會說它是大河流的一部分。

克里希那穆提　為什麼呢，先生？

羅睺羅　它本身有能力生產和停止。

克里希那穆提　你是說大河流本身有能力？

羅睺羅　有持續下去和停止下來的能力。就像各種悲哀愁苦，直悟同樣是大河流的一部分。

克里希那穆提　不，先生，我不認為……

羅睺羅　那直悟是打哪來的呢？

克里希那穆提　我說過了。

羅睺羅 你說A是大河流的一部分。

克里希那穆提 對。然後他意識到自己正在受苦，然後他開始探究。在探究中，他明白了，想要找到答案，必須擺脫所有的逃避與壓抑。就在這一刻，一個直悟出現了。當他不逃避，當他不壓抑，當他不把痛苦觀念化，直悟就出現了。

古迪．納拉楊 這表示，直悟是誕生出來，不是大河流的一部分。

克里希那穆提 不要把誕生的觀念帶進來。你的說法有誤導性。你想把直悟說成是大河流的一部分。

古迪．納拉楊 那麼，直悟從何而來？

克里希那穆提 我說過了。

古迪．納拉楊 來自探究。

克里希那穆提 來自探究的自由。

古迪．納拉楊 探究的自由又是從何而來？

克里希那穆提 透過自我檢視。

羅睺羅 但A是大河流的一部分。

克里希那穆提 你沒有抓到我的重點。

福布斯　可不可以這樣說。A原來不過是由「名色」和大河流的其他成分構成，但因為想了解痛苦的性質……

克里希那穆提　A開始探究。

福布斯　對。A開始探究，然後他得到了直悟……

克里希那穆提　不對，「他」沒有得到直悟。

福布斯　然後他不再是大河流的一部分。

克里希那穆提　你們可以一步一步來嗎？A是大河流的一部分。他是大河流的顯現，是大河流的一輪波浪——你們要怎樣形容都可以。然後，A意識到人生是苦，開始檢視痛苦。這檢視非常重要，因為那代表他沒有逃避。如果他逃避，如果他壓抑，就不會有檢視。A明白到，他必須擺脫所有障礙，所以他就把它們推開，由此得到了探究的自由。直悟就存在於這自由之中。

帕楚　你的說明裡有一個失蹤的環節。

克里希那穆提　也許有十個，先生。

帕楚　正如古迪．納拉楊所說的，如果一個人是大河流的一部分，是整條河流的代表，那麼當他開始探究，他的探究自由要從何……

克里希那穆提　先生，請謹慎，你假設太多東西了。

帕楚　我只是重複你說過的話。

克里希那穆提　好吧，你只是重複我說過的話。

帕楚　探究的開始有賴探究的自由，那探究的自由同樣是大河流的一部分嗎？

克里希那穆提　不是。

帕楚　那它是從哪裡來的？

克里希那穆提　事情不是非常簡單嗎？你為什麼要把它弄得一團亂？

帕楚　探究的開始……

克里希那穆提　原諒我，醫生，但我認為你沒有在聆聽。我說過A是大河流的顯現。讓我們一步一步來。痛苦是大河流的一部分。A感受到痛苦，心想：「為什麼我應該痛苦？」

帕楚　我要在這裡打斷你。

克里希那穆提　你在哪裡打斷我都無妨。

帕楚　所以不管有多少人在大河流裡，「為什麼我應該痛苦？」這個問題都是整件事情的開端。

克里希那穆提　不是。人類一直問這個問題，而出現過的解釋有幾十種，有佛教的，有印度教的，有基督教的。那個受苦的人說：「我接觸過佛教、印度教、基督教、伊斯蘭教的解釋，但我通通拒絕接受，因為它們不給自由的探究留一點餘地。我不接受任何傳統和權威。」

梅赫塔　先生，我們也許可以這樣說。受制約的探究……

克里希那穆提　是大河流的一部分。

梅赫塔　對，是大河流的一部分。

克里希那穆提　這是重點。

梅赫塔　但自由的探究……

克里希那穆提　是開端。

古迪·納拉楊　擺脫大河流的開端。

克里希那穆提　不是，現在不要管什麼大河流了。A是大河流的顯現。A感覺痛苦，所以心想：「我為什麼會痛苦？」他研究了佛教、印度教和基督教。但通通不滿意，決定要自己找出答案。於是他開始探究。然後他領悟到，他只有在有自由的時候方能探索。他需要擺脫恐懼，擺脫獎賞與懲罰，擺脫任何種類的動機，否則他就無法探究。當他處於自我檢視那一刻，直悟就出現了。這是非常清楚分明的。

梅赫塔　那當然是一件非常艱難的事。

克里希那穆提　不，我不會接受「艱難」兩個字。

梅赫塔　我是說起初艱難，不然我們就用不著探究。

克里希那穆提　不對，我們不探究是因為我們不願意花精力在這上面。我們不在乎，我們忍耐一切。比方說B是大河流的一部分。他感覺痛苦，卻心想：「這就是人生，無可改變。耶穌或任何人都不能拯救我。我將會忍耐下去。」這樣，他就是幫了大河流一把。

史密斯　於是大河流變得更加水勢滔滔。

克里希那穆提　對，它的水量更大了。

梅赫塔　水勢也更猛了。

克里希那穆提　因為水量增加，水壓也變得異常巨大。好，現在我們回到原來的問題：何謂死亡？

羅睺羅　我想請教另一個問題。現在A已經離開了大河流。

克里希那穆提　不對，先生。A並未離開大河流。

羅睺羅　但他已經看見，已經有了直悟。

克里希那穆提　他是有了直悟。

羅睺羅　所以，如果A就是全人類，便表示全人類都有了直悟。

克里希那穆提　不對。

瑪莉・津巴利斯特　那麼他已經脫離了全人類。

梅赫塔　妳看事情的方式大概太邏輯化了。

克里希那穆提　不，不是太邏輯化，是太不邏輯化。

梅赫塔　接受受制約的狀態。

克里希那穆提　當A意識到自己的受制約狀態並開始探究時，他就獲得了把受制約狀態推開的能量，開始探究。

梅赫塔　佛陀也說過：「用正慧（right wisdom）推開所有形相、所有感覺、所有知覺、所有分別意識。」

羅睺羅　我就是這個意思。

梅赫塔　用正慧推開。

羅睺羅　我就是這個意思。他把事情弄得太複雜了。

梅赫塔 不。

克里希那穆提 是我們一起把事情弄得複雜，它本來非常簡單。

羅睺羅 我就是這個意思。你把一句語句、一個觀念……

克里希那穆提 我可以打斷你的話嗎？只有不歸屬任何宗教，只有不接受任何權威，才有探究可言。如果我接受基督說過的話，或接受甲、乙、丙說過的話，探究就不會出現。所以，當A探究痛苦的時候，他拒絕接受其他人說過的一切。否則他只會是個間接的存在，只是透過間接的眼鏡看事情。你們也會這樣做嗎？

羅睺羅 但我們無妨聽聽曾經看見的人怎麼說。

克里希那穆提 我聽過佛陀怎麼說。聽過其他人怎麼說。

羅睺羅 好，你聽過。不管佛陀說過什麼，你一樣可以獨立於他之外，自行看見。

克里希那穆提 佛陀說過，悲哀痛苦是什麼什麼的開端。

羅睺羅 對。

克里希那穆提 但那是他說過的話，不是我說的。

羅睺羅 當然是這樣。我是這麼說的，但是你可以和他一樣自己去看看。

克里希那穆提 是。

羅睺羅　同樣的，你仍然可以明白他所說的話。

克里希那穆提　先生，對一個飢餓的人來說，文字和道聽途說是沒有意義的。

羅睺羅　確實如此。

克里希那穆提　讀一份菜單不會讓我吃飽。

羅睺羅　這也是我常說的，重點不在菜單，而在食物。

克里希那穆提　但我不能吃其他人煮的食物。我必須自己煮，自己吃。

羅睺羅　一般人不是這樣。

克里希那穆提　要檢視痛苦的整個結構的人必須如此。

羅睺羅　讓我換個方式來說。你必須吃東西才能解除飢餓。但**我**的飢餓不會因為**你**吃了東西而消失。你煮了食物，你吃了，但還有剩下，這時，我便也有吃的，我的飢餓便會解除。你會否認這一點嗎？

克里希那穆提　不會，當然不會，先生。這個下午，你吃了食物，是別人煮的。我們一起吃了。但我們現在談的不是食物。我說的是，我只要一天接受任何權威，直悟便一天不會出現。

羅睺羅　接受權威當然不會帶來直悟。

克里希那穆提　不管是接受佛陀、黑天或A說過的話都不會帶來直悟。對我來說，自由來自擺脫已知（the known），否則我就會永遠住在大河流裡。我們就事實去討論，然後說「我拋開所有權威」，那意味著所有知識和傳統。依附權威將會讓我無法展開探究，永遠在繞圈子。所以我必須擺脫把我綁在柱子上的繩子。（沉思）但B卻選擇接受痛苦，對不對？他選擇接受受制約、悲慘和不快樂的狀態。一般人都是這樣。所以他無時無刻不在為大河流增加水量。事實上，沒有靈魂、我或自我是可供我們進化發展。然則，探究的性質何在？探究者的心靈是什麼狀態？直悟痛苦全部性質的人的心靈又是什麼狀態？

史密斯　先生，那些得到部分直悟或片面直悟的人位置何在？他們仍然在大河流裡？還是不在？

克里希那穆提　就像科學家，他得到的只是片面直悟。一個人可以在科學上表現傑出而照樣迷惘、悲苦和不快樂。

梅赫塔　你不認為「片面直悟」意指受制約的直悟嗎？

克里希那穆提　當然。

梅赫塔　所以它只是大河流的一部分，而不是全貌。

克里希那穆提　我不知道我們是看見這個事實，還是只看到一個觀念？因為我們已經創造了大河流的觀念。

梅赫塔　若是那樣真是不幸。

瑪莉・津巴利斯特　先生，直悟和智慧是有分別的嗎？

克里希那穆提　我們來談談這個。大河流把自己顯現為B。B後來變得非常狡猾聰明。但智慧不是應該全然與狡猾聰明無關，而應該是愛和慈悲的本質部分嗎？你怎麼看，先生？大河流裡的愛並不是愛。我們正在說的是一些沒有人會接受的事情。如果B在大河流裡，而他告訴太太或女朋友「我愛妳」，那麼，這愛真的是愛嗎？

羅睺羅　只要自我存在，愛就不會存在。

克里希那穆提　不要把「自我」帶進來。我是問，B是大河流一部分，而他告訴女朋友「我愛妳」，他的愛真的是愛嗎？

羅睺羅　那要看你所謂的愛是什麼意義？「愛」字有百百種意思。

克里希那穆提　這正是我要探究的。我們會愛一本書、愛喝某種湯、愛詩、愛漂亮事物、愛一個理想、愛國家，或帶著嫉妒心理愛一個人。這一切都是愛嗎？B會說：「對，這些都是愛。至少是愛的一部分。」或說：「沒有嫉妒就沒有愛。」我聽過這種話不下數十次。

羅睺羅 不只這樣，還有人問過我，可能有不帶有「自我」的愛嗎？

克里希那穆提 先生，你看，我們都是在遊談無根。或是了悟它，看到那大河流就是你，然後說「我們來檢視它、終結它吧」。而因為我們無法終結它，所以便虛構出時間的觀念，認為自己有朝一日可以走出大河流。所以，是思想虛構出心理進化。

梅赫塔 我們是不是還可以說，思想是透過時間的觀念虛構出心理成長？

克里希那穆提 可以，先生，我就是這個意思。

梅赫塔 它並不真正屬於心理領域，不具有直接性（immediacy）。

克里希那穆提 不錯，只有得到了直悟，直接性方會發生。直悟中不會有後悔，你不會說：「但願我沒有這樣做過。」但我們的行為總是停留在時間的層次。（沉思）先生，何謂不朽？何謂永恆？何謂不可量度？所有宗教都多少觸及這個問題，就連形上學家、邏輯學家和僧侶都會探討它。何謂不朽？當一個作者寫出一部名著，他的名字便會不朽。令人遺憾的是，政治人物也常常會不朽。所以我們大都是把不朽理解為超越死亡。對不對？

梅赫塔 這是一般的理解。

克里希那穆提　當然。先生，你又是什麼看法？

羅睺羅　這和我們原來的問題有什麼關係？

克里希那穆提　死亡的問題？重生的問題？

羅睺羅　對，有什麼關係？

克里希那穆提　我說過了，重生就是大河流的不停流動，把自己顯現為A、B、C等等，一直到Z。我知道這是一種最讓人沮喪的理解。他們會說：「老天，太可怕了。我不要知道。」

史密斯　你是不是還暗示，死亡是大河流的一部分？

克里希那穆提　對，身體會死亡。因為不斷使用，因為錯誤的生活方式，它無可避免會死亡。

史密斯　但我說的不只是身體的死亡。

克里希那穆提　先生，要知道死亡是什麼，就必須與死亡**同在**，即結束所有的執著和信念，結束蒐集而來的**一切**。沒有人願意那樣做。

瑪莉．津巴利斯特　但根據你的定義，死亡的行為不是大河流的一部分。

克里希那穆提　當一個人離開了大河流，他就不會用大河流的思考方式想事情。那是一種完全不同的狀態。身在大河流中並不是一種獎賞。

瑪莉．津巴利斯特 的確不是。離開大河流要依靠直悟的行為，對不對？

克里希那穆提 對，直悟的行為。但沒有愛、慈悲和智慧，一個人就不可能得到直悟，它們全是直悟的一部分。有了這些以後，你才能與真理建立關係。

史密斯 你似乎是暗示，死亡是關鍵。

克里希那穆提 對，先生。自由探究是關鍵。我說的不是科學研究，而是研究自我，研究大河流，由此明白自我就是大河流。重點是不斷探究，讓大河流不留半片陰影。我們不這樣做是因為我們太博學、太忙碌、太專注於自己的快樂或煩惱。所以我們說：「把這種探究留給神職人員吧，那不是為我而設。」

所以我們的問題得到回答了沒有？真有投胎轉世，真有「自我」以不同形式延續下去這回事嗎？我主張沒有！

羅睺羅 當然沒有。我完全同意。首先是因為，根本沒有一個「自我」可供重生。

克里希那穆提 對，先生。大河流顯現為B，而B心想：「我是我。」他由此變得怕死。

羅睺羅 對。

克里希那穆提 所以B又會發明各種理論來讓自己安心。他會禱告：「主啊，求你拯救我！」諸如此類。但只要B一天住在大河流裡，只要他的意識一天是大河流的一部分，他就會不斷為大河流灌注水量。先生，如果你有看見這個道理，就知道它是顯然的。所以並沒有一個可以延續的「我」。先生，沒有人會接受我說的這個，但它是真理。

梅赫塔 那麼，你會同意，有必要以最深刻的方式看見？

克里希那穆提 對，看見我說的道理。

梅赫塔 那是如實的看見，而如實的看見就是如實的行為，有創造力的行為。

克里希那穆提 那是一種行為。在我如實看見那一刻，我就丟掉了焦慮。在我看見自己心胸狹隘的一刻，我的心胸狹隘就會不起作用。

梅赫塔 那是對普通心理過程的完全轉化。

克里希那穆提 對。

瑪莉．津巴利斯特 難道這不正是難題所在？很多人並沒有在你說的意義下看見。他們只是嘴巴上看見、知性上看見，但並未真正看見。

克里希那穆提 他們大多數時候並不介意身處悲哀愁苦，他們說：「這又何妨？」他們沒有看見，沒看見自己心胸狹隘，他們說：「那又怎麼樣？」

瑪莉．津巴利斯特　又或許是他們沒有看見自己沒有看見。他們不了解他們的明白不是真明白。

克里希那穆提　不，瑪莉，我的意思是，一個人會丟掉自己執著的任何意見嗎？一個人會完全丟掉自己的偏見、丟掉自己的經驗嗎？不可能。他們說：「請指點我們。」卻不會真的聽你說些什麼。你以為一個政治人物會聽你說話，以為一個教士或任何有絕對定論的人會聽你說話？不會，因為既有的立場讓他們感到絕對安全。當你打擾他們，就只有兩種可能後果，一是崇拜你，另一是把你殺了，而兩者其實是同一回事。

瑪莉．津巴利斯特　或者他們會看見，他們所以為的安全，其實完全是虛構。

克里希那穆提　這樣他們就會丟掉他們的偏見，丟掉他們的結論，甚至丟掉他們的知識。

福布斯　先生，在那些脫離大河流和不再是大河流顯現的人身上，還有別的東西在運作。我們可以談談這東西的性質嗎？

克里希那穆提　那就是智慧。智慧就是愛，就是慈悲。

福布斯　從你過去說過的許多話看來，智慧是一種獨立性存在。

克里希那穆提　顯而易見。

福布斯　它無須顯現在A身上。

克里希那穆提　先生，當一個人解放了自己……不對，「自己」這個字不妥。這樣說吧，當一個人的意識不再是大河流的一部分，這意識就會變得截然不同，屬於一個完全不同的向度。

福布斯　這麼說，那意識是早在他脫離大河流之前便存在？

克里希那穆提　你只是憑空猜測。

福布斯　對，我是。

克里希那穆提　我不會跟你玩遊戲。（笑）

史密斯　我們可不可以這樣說：智慧的存在並不有賴一個有智慧者？

克里希那穆提　我明白你的意思。讓我們換個方式來說。戰爭製造了許多痛苦，對不對？這痛苦必然會停留在空氣中。善性也是人的一部分，他會設法成為善。所以，這兩者都會有很多存量，對不對？

史密斯　對。

克里希那穆提　但那又怎麼樣？人並不會對善有貢獻，但總是對痛苦有貢獻。

瑪莉·津巴利斯特　你是說痛苦存在於人類心智，善卻是存在於人類之外。

克里希那穆提　讓我們換一種方式說。受苦的並不只有A，而是全人類都在受苦。

瑪莉・津巴利斯特　又或者應該說，受苦的不只是人類。

克里希那穆提　動物當然也在受苦。

史密斯　苦是一種普遍現象。

克里希那穆提　（向羅睺羅轉過身）先生，可否請你說明一下佛教的冥想方式？

羅睺羅　佛教有很多種冥想方式，但最純正的一種是直悟「實然」。

克里希那穆提　你用了我的詞語。

羅睺羅　不對，它不是你的詞語。是**你**把它拿來用。早在你誕生的兩千五百年前，已經有人在用這個詞語。我現在也在使用這個詞語。

克里希那穆提　好吧。這麼說你我都有兩千歲。

羅睺羅　直悟或說內觀（*vipassana*）是直接觀照事物的本性。那是一種如實的看見。

克里希那穆提　他們有一個體系嗎？

羅睺羅　當然發展出一個體系。

克里希那穆提　那是我想知道的。

羅睺羅　不過如果你探究佛陀的原始教說……

克里希那穆提　則體系並不存在。

羅睺羅　佛陀對內觀最深刻的學說稱為「四念住」（*Satipatthana*），它是沒有體系的。

克里希那穆提　我洗耳恭聽，先生。

羅睺羅　重點在於覺知，這個觀念的巴利文作 *sati*，梵文作 *smriti*。覺知就是把心念放在當下，不是要你逃離日常生活，躲到一個山洞或樹林裡打坐，像尊佛像那樣一動不動。*Satipatthana* 有時會被翻譯為「心一境性」，但它的精確意義是每時每刻在每個動作中保持警覺。

克里希那穆提　覺知需要培養嗎？

羅睺羅　沒有培養的問題。

克里希那穆提　這就是我想知道的。因為現代的所有精神導師和冥想方法、現代禪宗莫不致力於培養覺知。

羅睺羅　對，我寫過一篇文章，收在拉莫特（Etienne Lamotte）的紀念論文集裡，出版地點是比利時。我在文中指出，兩千多年來，佛陀有關冥想的教導一直受到誤解，被錯誤當成一種技術來應用。這種態度不但不能解放心靈，反而會囚禁心靈。

克里希那穆提　當然，所有冥想都會……

羅睺羅 如果被弄成一個系統的話。

克里希那穆提 先生，覺知是可以培養、可以鍛鍊出來的嗎？

羅睺羅 不，完全不是這個樣子。

克里希那穆提 那又要怎樣得到？

羅睺羅 沒有所謂得到，你去做就是。

克里希那穆提 等一等，先生。我不是要批評佛教的冥想方式，只是想弄懂它是怎麼回事。因為今日有千百種不同的冥想方式：佛教的、藏傳佛教的、印度教的、蘇菲派的，多如雨後春筍。我只是想請問，覺知是不是可以透過專注（concentration）產生？

羅睺羅 不是，不是透過專注。在這個世界，我們做什麼都多多少少需要專注。但不要把專注和「靜慮」（*dhyana*）或「禪定」（*samadhi*）搞混。

克里希那穆提 我個人不喜歡這些字眼。

羅睺羅 它們本質上都是以專注為基礎。

克里希那穆提 我知道。大部分的冥想方法都是教人要專注。

羅睺羅 專注對禪宗和其他鍛鍊、在印度教或佛教的靜慮與禪定中，都有著核心重要性。

克里希那穆提　那是胡說八道，我不接受專注那麼重要。

羅睺羅　不過在佛陀的教誨裡，覺知不同於專注。

克里希那穆提　那何謂覺知？覺知是怎麼出現的？

羅睺羅　覺知就是覺知正在發生的事。「四念住」的一大美事就是可以讓人活在當下。

克里希那穆提　等一等，先生。你說「當下」，但我們不都是活在當下的嗎？

羅睺羅　我們其實沒有活在當下。「四念住」可以讓我們活在當下。

克里希那穆提　人要怎樣才能活在當下？活在當下的心靈是怎樣的？

羅睺羅　活在當下的心靈就是自由的心靈。

克里希那穆提　先生，請繼續說。我想多了解一點。

羅睺羅　這樣的心靈擺脫了自我的觀念。當你執著於自我的觀念，你就要麼只是活在過去，要麼只是活在未來。

克里希那穆提　現在通常都是由過去形塑，然後再深入未來。

羅睺羅　這是人的通常處境。

克里希那穆提　等一等，那就是當下。

羅睺羅 不對。

克里希那穆提 那什麼又是當下？是擺脫過去嗎？

羅睺羅 對。

克里希那穆提 這就對了。擺脫過去表示擺脫時間。這樣，心靈的狀態只能是現在。現在我想請問，覺知是什麼？它是怎樣發生的？

羅睺羅 那是沒有方法的。

克里希那穆提 我明白。

羅睺羅 你問我它是怎樣發生，就是問我有什麼方法可以讓它發生。

克里希那穆提 我只是用「怎樣」兩個字來問問題，不是問方法。我可以換另一種方式來問：覺知是以什麼方式出現的？假設我現在沒有察知，整天被困在自己那些微不足道的憂愁和焦慮裡。然後你走過來告訴我：「去覺知這一切吧！」那我會問你：「你所謂的覺知是什麼意思？」

羅睺羅 我會回答，那意謂去覺知你的憂愁和焦慮其實微不足道。

克里希那穆提 所以那意謂著覺知到……

羅睺羅 微不足道。

克里希那穆提　是的，覺知到你的微不足道。你說的是什麼意思？

羅睺羅　覺知到這點。

克里希那穆提　對，先生。但我不知要怎麼做，不知那是什麼意思。

羅睺羅　沒有必要知道是什麼意思。

克里希那穆提　你這話是什麼意思，什麼叫沒有必要？

羅睺羅　只要去覺知就好。

克里希那穆提　你告訴我要覺知。但我是盲的，以為那是一頭大象，你明白我的意思嗎？我想看到光，而你說：「去覺知你的眼盲。」但我還是不知道那是什麼意思。然後你又說覺知不是專注。所以我說，覺知是沒得選擇的。先生，以我們身處這個房間為例，你所謂的覺知就是覺知到它的窗簾、它的燈光、在座的人、牆壁、窗戶等等嗎？等一下，我是覺知它的一部分，或者一進屋子就覺知到所有東西？屋頂、燈、窗簾、窗戶的款式、地板、斑駁的屋頂。

羅睺羅　這也是一種覺知。

克里希那穆提　那請問你，覺知感與凝神（attention）有什麼差別？我並不是要試圖歸類，也不是出於無禮、好奇或刻意羞辱才這麼問的。

羅睺羅　不能說「覺知感」。有的只是覺知。

克里希那穆提　好吧，那覺知與凝神有什麼分別？你知道，我已經不搞專注這一套，除非是有必要在牆壁上鑽孔的時候。為了把孔鑽得直，我需要專注。

羅睺羅　我們並不排斥專注。但專注本身並不是重點。

克里希那穆提　專注並不是覺知。

羅睺羅　但專注仍然可以是有用或有幫助的。

克里希那穆提　可以讓人不至於把孔鑽歪。

羅睺羅　對。專注對覺知一樣有益處，但它本身不是重點。

克里希那穆提　學數學的時候，我必須有若干程度的專注。

羅睺羅　學任何東西都需要。

克里希那穆提　那我就暫時把這個問題放一邊。現在我想請問，何謂凝神？

羅睺羅　你會怎樣解釋覺知、念住和凝神的分別？

克里希那穆提　我會說覺知是不牽涉選擇，純然是去覺知。當有選擇進入覺知，它就不再是覺知。選擇就是量度、區分等等。所以覺知是不牽涉選擇，只有覺知。當我覺知這個房間，我可以喜歡它，可以不喜歡它，但我身在其中卻是一個事實，不是我的覺知可以選擇。但在凝神裡，並沒有喜歡或不喜歡之分。

羅睺羅　那也表示沒有選擇。

克里希那穆提　暫且不談這個。凝神表示沒有二分，沒有一個「我」在凝神。所以，它是沒有二分的，也因此沒有量度和邊界。

羅睺羅　在凝神中是這樣。

克里希那穆提　在完全凝神中是這樣。

羅睺羅　在這個意義下，它就和覺知沒有分別。

克里希那穆提　不對。

羅睺羅　為什麼不對？

克里希那穆提　在覺知中，我們仍然可能會有一個中心點，從那裡進行覺知。

史密斯　即使沒有選擇也是這樣嗎？

羅睺羅　不對，你說的不是覺知。

克里希那穆提　等一等，我必須倒回去。

古迪．納拉楊　你想要區分覺知和凝神嗎？

克里希那穆提　對。

薩昆塔娜．納拉楊　你是說凝神是一個更深層的過程？

克里希那穆提　對，深層許多，性質上迥然不同於覺知。一個人可以覺知自己穿什麼衣服。他可以說他喜歡或不喜歡身上的衣服，但沒有選擇餘地，因為衣服已經穿在身上。但在凝神中卻沒有凝神者（attender），所以沒有二分。

羅睺羅　同樣說法對覺知同樣適用。覺知中也沒有覺知者。

克里希那穆提　當然，但它在性質上和凝神不同。

羅睺羅　我不想討論這些字眼。但在佛陀的教導裡，「念住」是沒有分別心、沒有價值判斷、沒有喜歡不喜歡，光是看見。就這麼多。當你看見，發生著的事就會如如發生。

克里希那穆提　在你所說的這種凝神狀態，什麼事會發生？

羅睺羅　那需要另一個解釋。

克里希那穆提　不，我是問，當你完全凝神，當你的眼睛、耳朵、身體、神經系統和心全部投入，會發生什麼事？心的全部投入表示充滿慈悲，充滿愛。

羅睺羅　會發生的當然就是一場絕對和完全的內在革命。

克里希那穆提　不，我是問，當你完全凝神，心靈會是什麼狀態？

梅赫塔　它會擺脫大河流。

克里希那穆提　不，不要把大河流帶進來。這個話題已經談完了。

羅睺羅　大河流已經枯竭。別談它了，它現在是個大沙漠！

克里希那穆提　我是在問你，當心靈無比凝神，它會是什麼性質？

梅赫塔　充滿慈悲？

克里希那穆提　當你看見它，它就會是沒有性質、沒有中心，也沒有邊界。這是一種實在性，是你無法光憑想像想見。可曾有人對悲哀愁苦投以這種完全的凝神？

史密斯　可有任何對象存在於這種凝神裡？

克里希那穆提　當然沒有。

羅睺羅　沒有什麼意義下的對象？

克里希那穆提　主體和對象二分法意義下的對象。顯然是沒有，因為這種凝神是沒有二分的。你當下去做就對了，先生。

史密斯　我說的不是物理對象，而是悲哀愁苦之類的現象性對象。

克里希那穆提　在完全的凝神中，你的冥想本身就是冥想者。

羅睺羅　對，冥想是沒有冥想者的。

克里希那穆提　等一等！我說的是冥想本身就是冥想者。現在請你們完全凝神於這句話，看看會發生什麼事。不要把它抽象化為觀念，光是聆聽它。它有著真理的性質，有著大美的性質，有著一種絕對的性質。現在完全凝神在它上頭，看看會發生什麼事。

羅睺羅 我相信佛教的冥想，即「念住」，就是這樣一種凝神。

克里希那穆提 我不知道是不是這樣，但既然是你說的，我就相信。

羅睺羅 我不認為我的說法會誤導，因為真正的「念住」就是無比凝神。但如果你去問禪修中心的人，現在有一堆禪修中心，他們的說法肯定會把人引入歧途。我寫過這方面的文章。

克里希那穆提 對，先生，他們都是胡說八道。

羅睺羅 當你問它是怎樣發生，你就是預設了一種方法、一種技巧。

克里希那穆提 現在我想問：有人可能投入這種凝神嗎？

羅睺羅 你是問那是否可能？

克里希那穆提 對，你有可能投入這樣的凝神嗎？不，我不是光問你本人可不可能，而是問可曾有人做到過。

梅赫塔 先生，當你問，有人可能投入……

克里希那穆提 你願意投入凝神嗎？不運用意志地投入凝神？

梅赫塔　相當願意。

克里希那穆提　你願意那樣做嗎？

梅赫塔　我願意自動自發、自然而然地投入凝神。

克里希那穆提　如果沒有凝神，真理就無法存在。

羅睺羅　我不認為這種說法恰當。沒有凝神，真理照樣存在，只是沒有被看見。

克里希那穆提　我不知道。你說真理存在，但我不知道。

羅睺羅　你不知道不代表真理不存在。

克里希那穆提　耶穌常常談到「在天上的父」，但我不知道有沒有這個父。他也許存在，但我不知道，所以不接受。

羅睺羅　你不接受基督教的上帝是對的，但我不認為「沒有凝神，真理就不存在」的說法正確。

克里希那穆提　我是說，沒有凝神，真理就不能進入存在。

羅睺羅　真理沒有進不進入存在的問題。

克里希那穆提　好吧，讓我換個方式說。如果沒有凝神，「真理」一詞就沒有意義。

羅睺羅　這比較妥當。

克里希那穆提　先生，我們已經談了一小時四十五分鐘，就到此為止吧。

羅睺羅　感謝各位。

第二部分

為什麼我們沒有改變？

希冀一個結果

——摘自一九五六年三月四日在孟買的演講

提問者　殷切聆聽你的教導這麼多年之後，我們發現我們完全是老樣子。這就是我們唯一能希冀的嗎？

克里希那穆提　問題在於，我們都想得到一個結果，以此證明我們已經取得進步，已經發生轉化。我們想要知道我們已經抵達目的地。然而，如果一個人已經抵達，已經得到結果，正表明他並未聆聽。（笑）這不是個聰明的答案。提問者說他已經聆聽多年。現在我想問，他是用完全凝神的態度聆聽的嗎？還是抱著得到什麼或抵達哪裡的目的而聆聽？後者就像在修煉謙卑。謙卑是可以修煉的嗎？意識到自己謙卑斷然不同於為人謙卑。你們想知道自己已經抵達。這表示，你們聆聽只是為了到達某種境界，抵達一個永遠不會被打擾的地方，一個可以獲得永遠幸福快樂的地方。

但我一再說過，無所謂抵達，有的只是學習的過程，而這就是生命的美。如果你已經抵達，便不會有更多。如果你們淨是想著抵達，你們便會不滿足、挫折和憂愁。根本沒有一個可抵達的地方，有的只是不斷地學習。但不要把這學習弄成知識的累積，因為那樣只會帶來痛苦。一個完全凝神聆聽的心靈從來不會嚮往一個結果，因為它是不斷地展開，就像一條不停流動的河。這樣的心靈完全意識不到自己的活動，換言之，是不包含一個持續的自我，不包含一個致力達成一個目的的「我」。

開悟的誘惑

——摘自一九七六年七月十五日在瑞士薩嫩的演講

全世界的僧侶，不管是基督教、佛教、印度教還是藏傳佛教的，都總是說有一個更大的應許在等著我們領取。只要你做什麼什麼就會上天堂，否則就會下地獄。不同宗教對這個更大的應許有不同詮釋，但它們彼此毫不相干。所以，我們的心靈被「實然」（what is）之外的某種東西嚴重制約。這個其他東西或許是應許之地，或許是天堂，或許是開悟，或許是涅槃，或許是印度教所說的「解脫」。我們因為不知道要怎樣處理**這個**（this）或說「實然」，便把全部嚮往放在了**那個**（that）[1]。

我可以換一種方式說明。共產主義追求一個完美世界。雖然用語不同，但這種理想

1譯注：「這個」指「實然」，即眼前看到的這個。「那個」是指「實然」以外的東西。

和其他宗教一樣，都是把希望放在明天，都是設定一個完美境界、一個最高理想。印度的梵天，佛教徒稱為涅槃，基督徒所認定的天堂等等。這也許就是為什麼人類不曾有所改變。因為這種設定表示「實然」不重要，完美境界才重要，最高理想才重要。所以我們就懶得理會「實然」，不觀照「實然」，把「實然」翻譯為「應然」（what should be）。你們明白我所說的嗎？但願我有說清楚。所以我們製造出一種二元論，讓「實然」和「應然」對立起來。這也許就是人類不曾有所改變的一大原因。

當「實然」和「應然」產生分裂，衝突就會出現，對不對？就像阿拉伯人和猶太人的分裂。凡有分裂之處必然有衝突，這是鐵律。我們一直被這種分裂制約，一直接受和生活在「實然」與「應然」的分裂裡。因為不知道要怎樣處理「實然」，我們便把「應然」帶進來，又或是把「應然」用作槓桿，把「實然」給除掉。於是，衝突便產生了。然則心靈為什麼要虛構出「應然」呢？為什麼它不全心全意關注「實然」呢？心靈為什麼要這樣做？思想為什麼要這樣做？

思想如果有充分自覺，就會知道「應然」是自己虛構。但它卻對自己說：「**這個**只是碎塊，只是一瞬即逝，**那個**才是永恆。」明白嗎？思想先是虛構出最高原則，然後又把它當成永恆。**這個**不是永恆，**那個**才是永恆。其實兩者都是思想虛構出來，對不對？

上帝和救世主一樣是思想虛構，是一種「應然」。

思想創造出這分裂，然後又自忖：「我解決不了**這個**，但我必須追求**那個**。」但當你看到**這個**的真理，**那個**就不會存在。只有**這個**能留下來。我好奇你們有沒有看見這一點？因為不知道要怎樣處理「實然」，即不知道該如何處理憂傷、痛苦和深深的無明，思想虛構出完美的境界，不管這境界是涅槃、解脫還是天堂。就這樣，思想創造出分裂。你們看見了嗎？不要只是口頭上同意我，或思維上同意我。如果你們看見了真理，那「應然」就沒有存在餘地。我們對所謂的完美境界一無所知，它只是思想的一個投射。看出這個，你們就會有精力去處理「實然」。因為不再把精力浪費在「應然」，你們就會有精力去處理正在發生的事情。你們有看出其中差別嗎？老天，你們看到嗎？你們有面對「實然」的精力嗎？

然後，你們必須學習如何去觀看「實然」。這時，不再有「應然」創造出來的二元論，只剩下「實然」。你們開始看出其中的涵蘊了嗎？當「應然」不再存在，你們便只剩下「實然」。**這個**是事實，**那個**不是事實。去掉非事實，我們就可以處理事實。當二元論不再存在，那就只剩下……比方說，只剩下暴力。只有暴力存在，沒有非暴力存在。非暴力是「應然」。所以，當你們看見真理，就剩下暴力存在，對不對？這時，你們就會有足夠的精力去處理暴力。

何謂暴力？請與我一起略作探討。暴力包括憤怒、競爭、比較、模仿。我們會模仿是因為我們不想當本來的我，想成為別人的樣子。所以，比較和模仿也是一種暴力，一種心理暴力。扔炸彈是另一回事，那是身體暴力。身體暴力是我們的腐敗社會、背德社會所造成，我們這裡不會探討。

所以剩下的只有暴力。暴力有什麼重要？它的性質為何？我們已經多多少少描述過何謂暴力。你們也許不同意我的描述，但只要知道我的所指便足夠。嫉妒、憤怒、仇恨、自大、虛榮——這些全是暴力的結構的一部分。暴力來自我對自己的畫像。我們有可能擺脫這幅畫像嗎？只要這幅畫像一日存在，我就必然會表現得暴力。畫像是透過「感覺」加上思想形成。所以只要我們一天帶著透過「感覺」加上思想形成的畫像，我們就必然暴力。暴力意味著人我之分，意味著我群與他群之分。所以，那幅畫像存在多久，暴力就會存在多久。它是「感覺」加上思想構成。光有「感覺」不足以產生出畫像。看見這個，我們就有能力處理「實然」。我不知道你們是不是明白我的意思？

我憤怒，我恨著某個人……我只是打比方，不是說我真的如此。我恨某個人是因為他做了傷害我的事。作為人類，一旦有人傷害我們，我們的本能反應就會說：「我絕不可去恨他，恨是要不得的情緒。」這樣我們就有了兩幅畫像：「我恨」和「我絕不可去恨」。這兩幅畫像會發生戰爭，一方說道：控制它、抑制它、改變它，不可屈服，你們明白嗎？只要有兩個畫面存在，戰爭就會持續下去，讓我整天陷入天人交戰。我知道這兩幅畫像都是透過「感覺」加上思想形成，因為我對此有極深體會。那是一個事實，而我領悟到這個事實。所以我就把「不恨」攆走，只讓惱怒、憤怒、仇恨的感情留下。我想知道它們是什麼感覺。我發現，我會感到受傷害是因為別人傷害了我的畫像，而憤怒是對這傷害的反應。但如果我根本沒有畫面、念頭、感覺，別人就搆不著我、傷不著我。你們明白嗎？那樣就不會有傷口，就不會有恨，有的只是「實然」。我由是明白我應該怎樣處理這個「實然」。你們明白我的意思嗎？

所以，我發現，人類之所以不曾有所改變，只因為老把精力浪費在不必要的地方，老是靠意志力做事。他們認為意志力異常高貴，說它可以帶給人選擇的自由。另外也是因為他們不知道要怎樣處理「實然」，所以投射出一個「應然」，把後者看得遠比前者重要。這些都是妨礙人類改變的大石頭，導致他們無法徹底轉化自身。如果你們深刻明白這道理，如果你們有用血管、心臟、五官去明白這道理，就會曉得我們是可以不費吹灰之力便獲得異乎尋常的轉化。

看見自身的受制約狀態

——摘自一九七九年八月二十五日在布洛克伍德帕克的演講

住在一個自造的恐怖世界裡，人類有可能為自己帶來徹底改變嗎？這是問題中的問題。有些哲學家認為，人類的受制約狀態是不可能改變，頂多略加改善，略加精進。包括存在主義者在內，好多人都如是想。但我們為什麼要被制約？這個世界的瘋狂和混亂不就是因為人類受制約所導致的嗎？我們渴望和平，卻又大量製造軍火；我們渴望和平，卻又在民族上、經濟上、社會上彼此敵對；我們渴望和平，但世界各種宗教卻賣力製造對立。外頭的世界就像我們的內在一樣，充滿大量矛盾。我不知道各位有沒有察覺到自己的心裡充滿矛盾。我們大部分人只知道發生在外面世界的事情，卻少有自知。其實也不用太聰明，只要用心觀察便會看見。外在世界的混亂狀態部分是因為我們受制約所致。現在我要問的是：我們想要徹底轉化是可能的嗎？因為只有那樣，我們才可能得到一個好社會，身在其中的人不會在心理上和身體上彼此傷害。

被問到這個問題時，我們發自內心的反應會是什麼？我們不只會因為生為英國人、德國人或法國人而受制約，還會受欲望、信仰、快樂和衝突的制約，受心理衝突的制約。我們受制約的原因很多，我稍後會談到。我們必須問問自己，人類的囚犯狀態，即孤單、焦慮、自大、苛求的狀態——這就是我們的制約、意識及其內容——是有可能被轉化的嗎？如果不可能，這個世界便永無寧日。在這種情況下，人類大概還是會取得一些小改進，但衝突和齟齬將永遠存在於我們的內在和外在世界。所以我問的是一個和我們有非常切身相關性的問題。我們可以一起來思考一下嗎？

接著會出現的問題是：我們要怎樣做？我們已經覺知自己受制約，充分意識到這一點。這受制約狀態源自我們的欲望、各種自我中心的活動、人我之間缺乏正確關係，以及一己的孤單感。生活在群體之中，擁有很多親密關係，但人仍然可能感到空虛。這是因為我們全是受制約的：知性上受制約、心理上受制約、情緒上受制約，當然還有生理上受制約。那是有可能全部轉化的嗎？如果能夠做到，那將是一種真正的革命。在其中，暴力沒有存在餘地。

我們有可能一起做到這個嗎？假如我們其中一人成功解除自身的受制約狀態，那其他人願意聆聽他說話嗎？假設你是不受制約的，那我會聆聽你說話嗎？有什麼會促使我聆聽？什麼壓力、影響力或獎勵會促使我聆聽？有什麼會促使我盡心盡性聆聽你說話？因為，完全的聆聽有可能就是問題的解藥。但顯然我們不喜歡聆聽。所以我要問：有什麼會促使一個覺知自己受制約的人有所改變？我請各位反躬自問，有什麼可以促使你們做出改變，從而擺脫受制約狀態。但不是跳入另一種制約中，不是離開天主教而成為佛教徒。

所以，有什麼會讓每個全心渴望帶來一個更好的社會的人願意改變？一直以來，人的改變都是以獎賞為誘因，例如天堂、一種新的意識形態、一個新的共同體或一個新的精神導師。不然就是以懲罰作為誘因：「你不做這個便會下地獄。」我們的整個思考方式都是根據獎懲原則：「如果它會讓我得到什麼，我就照它說的做。」但這樣一種態度並不能帶來徹底改變，而徹底改變又是我們所絕對必須。好，既然我們已覺知自己受制約，那我們應該做些什麼？

你們其中一些人已聆聽我說話多年——我不知道為什麼。但如果你們真有聆聽，我的話就應該會成為一種新的「梵咒」（mantra）。這是一個梵文單字，意指不自我中心，透過冥想不讓自己發生變化。也就是說，如果你們真有聆聽，我的話就應該會讓你們拋棄自我中心心態，專心沉思自己，好讓自己不會變成別的東西。這是「梵咒」一詞的原來意思，但這個意思現已被有關冥想的連篇鬼話所扭曲。

你們其中一些人已聆聽我說話多年。你們有因為聆聽我說話而改變嗎？還是說只是習慣了我的話，所以繼續聽下去？人類已經存在了幾百萬年，但幾百萬年來始終根據同一種行為模式、同一批本能行事。這些本能包括追求自我保存和追求安全感等，導致更嚴重的孤立。在這種情況下，人類要怎樣才能有所改變？是創造一個新的神、一種新的娛樂或一種新的宗教嗎？有什麼可以促使我們改變？煩惱痛苦顯然沒有改變人類，因為我們蒙受極大痛苦，個體上如此，集體上也是如此。作為人類，我們經歷了大量戰爭、疾病、痛苦和死亡。我們創巨痛深，但痛苦悲哀顯然改變不了我們。恐懼也改變不了我們，因為我們總是追求快樂。但就連快樂也不曾改變我們。那麼，有什麼可以促使我們改變？

我們看來無法主動做些什麼。我們非要身處壓力下才願意有所作為。如果沒有壓力，沒有獎賞懲罰，我們就會不思改變。但甘願被獎賞和懲罰所驅使不是太蠢了嗎？如果心裡對未來沒有感覺，我不知道你們是否討論過未來的問題，或許是欺騙自己，那麼現在我們就來討論它。如果我們丟掉這一切，那我們那個面對絕對當下的心靈會是什麼性質？你們明白這個問題嗎？你我之間真的有在溝通嗎？請各位回答我。我希望我不是在自說自話。

各位知道我們是被關在一座自造的監獄裡的嗎？一己（oneself）是過去、父母和祖父母的結果，是我們繼承而來的心理監獄。照理說，我們會發自本能想要掙脫。各位領悟到這一點嗎？不是作為一個觀念或一個概念領悟，是作為實在性、作為心理事實領悟。為什麼明知這是一個事實之後，我們仍然沒辦法改變？各位聽得懂我的問題嗎？

所有認真關心人類悲慘處境的人都會問，他們不明白人類的心靈為什麼不願意追求心靈的明晰、不願意追求自由、不願意追求根本善。不知道各位可有注意到，所有的知識份子、文學家和所謂的世界領袖都已經不再談論如何才能創造出一個美好社會。前些天我才聽人這樣說過：「美好社會的觀念真是有夠陳舊，棄之如敝屣吧。根本沒有美好社會這樣的東西。那只是維多利亞時代的愚蠢觀念。我們應該接受社會的本來樣子，安之若素。」我們之間大部分人八成也是這種心態。那麼，我們要怎麼辦？

信仰權威並不會帶來改變，對不對？如果我是因為想要發起一場內在革命、建立一個美好社會而奉你為權威，那我接受你教導的態度本身便足以讓美好社會無法出現。不知道各位有沒有看出這個道理？光是因為接受別人作為最高權威便足以讓我無法成為美好的人。光是順服於權威的行為便足以摧毀一個美好社會。各位有看出來嗎？我們要不要更深入談論這個問題？

假如我有一個精神導師……感謝老天，好在我沒有。假如我有一個精神導師，而我跟隨他，那我能對自己有什麼貢獻？能對世界有什麼貢獻？什麼貢獻都不會有。他能教我的只是有關冥想的胡說八道。好吧，就算不是胡說八道，就算我真的可以透過冥想獲得神奇經驗或輕輕浮起來，但這些不是我想要的。我想要的是建立一個美好社會，其中人人都快樂，彼此有愛，以毫無障礙的方式相處對待。這才是我想要的。當我把你奉為精神導師的時候，我是做了什麼？是摧毀了我期盼的事物，因為權威本質上具有分離作用。因為你在上而我在下，我不斷精進的同時，你也會不斷精進，所以我們永遠沒辦法處於同一個層次！（笑）我知道你們也在竊笑，因為你們和我的關係就是這個樣子。

權威永遠無法讓我得到解脫。權威可以讓人得到安全感。我們都是這種心態：「我不知道方向，我感到迷惘，但**你**卻知道，或者我**認為**你知道，這對我來說就已經夠了，所以我就把我的精力和我對安全感的需要投注在你身上，投注在你的教導上。」然後我們會環繞權威四周建立一個組織，換言之是建立一座監獄。這就是為什麼我們不應該歸屬於某個精神組織，不管它的應許有多大、有多吸引人。我們能夠一起看見這個道理、接受這個道理嗎？各位懂這個問題的意思嗎？當我們這樣一起看出它是個事實，權威就不會再起作用。權威和組織本質上具有分離作用，會製造出一個層級系統。這個世界充斥著層級系統，而這也是世界會那麼有殺傷力的原因之一。看見這個道理，我們就會把權威和組織棄如敝屣。我們做得到嗎？我們沒有一個人應該歸屬任何宗教組織，不管那是天主教、基督新教、印度教或佛教。應該通通把它們丟掉。抱歉這樣說。

歸屬於某個組織會讓我們感到安全。但歸屬於某個組織一律會帶來不安全，因為它本性上具有分離作用。你有你的精神導師，他有他的精神導師；你是天主教徒，他是其他教教徒。雖然所有組織性宗教都聲稱它們是以尋找真理為宗旨，卻始終互不相容。所以，我們是不是能夠光是聆聽，拒絕接受權威，也因此拒絕歸屬於環繞權威四周建立起來的組織？這樣會有什麼後果？我們丟掉權威是因為有人這麼說，還是因為我們真正看見組織的破壞力量？我是清楚看見這個事實嗎，還是只有模糊概念？我不知道你們有沒有聽懂這番話。如果一個人看見這個道理，這看見本身就包含智慧，有智慧就有安全，不用倚靠迷信的鬼話。你們有看見嗎？你們可以告訴我，我們將會處於同一個層次嗎？

聽眾　會。

克里希那穆提　請不要只是嘴巴上說說。嘴巴說說很容易，因為我們全都是說英語或法語。只停留在知性上、口頭上的理解並不會讓我們處於同一個層次，只有當你們也看見事實，我們才會。

現在，我們能否看見我們受制約的事實，而不是停留在概念上知道的層次？真正的事實是，不管我們生而為英國人、德國人、美國人、俄國人、印度人還是東方人，我們都是一體的。我們受到生理制約，這是經濟、氣候、食物、衣服等等原因造成。再來還受到大量心理制約。我們可以像觀照事實那樣觀照這些制約嗎？比方說恐懼。我們可以像觀照事實那樣觀照恐懼嗎？如果暫時不能，我們可以觀照傷害，觀照那些我們在兒時得到的心理傷口嗎？只是觀照，不要分析。心理治療學家回望過去是要研究過去。他們找出病人得到過的傷口，然後進行研究、進行分析。這種作法一般稱為心理治療。但發現傷口的成因會有幫助嗎？我們會花大量時間做這種事，或說玩這種遊戲，是因為我們不願面對事實。所以我們就改為說：「讓我們來研究這些事實的由來吧？」各位知道我的意思嗎？

所以，我們花大量時間、大量金錢，讓專家對我們的過去進行研究，又或者自行研究。但這一類分析會起分離作用，因為分析者自以為他不同於被分析的對象。你們了解我的意思嗎？他會在整個分析過程中維持這種分離性，哪怕「分析者就是被分析者」是個明明白白的事實。一旦我們認識到分析者就是被分析者（因為當你憤怒，你便是憤怒本身），分析就毫無意義。唯一該做的是觀察正在發生的事實。你們有聽明白嗎？要接受這個大概相當困難，因為我們大部分人都是深受自我檢視的觀念制約，一聽到不同說法就會拒絕接受或龜縮起來。所以請你們別研究，只管觀照事實。

觀照正在發生的事實是可能的嗎？我們可以光是觀照憤怒、嫉妒、暴力、快樂和恐懼嗎？光是觀照，不要分析。在觀察中，觀察者只是觀察一個有別於他的事實，或者他就是那個事實？我說得夠清楚嗎？你們明白箇中分別嗎？我們大部分人都受到「觀察者不同於被觀察對象」的觀念制約。我貪婪，或者我暴力，而在我表現暴力那一刻，我和暴力的分別並不存在。只有稍後，當思想回顧這一刻，才會把自身分離於事實。所以，觀察者乃是過去（the past）觀照正在發生的事情。我們可以觀照「我憤怒」的事實而不以觀察者自居嗎？我們可以看見我們就是事實本身，看見我們和事實不存在分別嗎？不知道各位是不是明白這個意思？

當我們真能做到這個，有什麼事會發生？以孤單感為例，它是一個事實……不，還是以我們兒時受過的傷害為例好了。我們已經習慣了認為自己不同於那傷害，對不對？所以，我們要麼是壓抑它，要麼是迴避它，要麼是在它四周建立起防衛，讓自己不再被傷害。這樣，那傷害就讓我越來越孤立，越來越害怕。因為我以為自己不同於那傷害，分裂就形成了。你們知道我的意思嗎？但那傷害就是「我」。這個「我」是我為自己創造的圖像，它與傷害不構成分別。

我們的教育、家庭、社會和宗教灌輸給我們一幅自我圖像，讓我們自以為是個體，與別人不同。當別人踐踏這圖像，我們就覺得受傷。然後我們說那傷害不等同於我，認為我們必須對它做些什麼。我讓這傷害和我之間保持分離。但事實上，那傷害就是我，或說就是我的自我圖像。我可以看見這個事實嗎？看見這個事實，並看見，只要我一天執著於圖像，別人就一定會踐踏。這是一個事實。心靈可以擺脫那圖像嗎？如果做不到，那我們就無可避免會受傷害，而我們也無可避免會感到恐懼、會在自身四周築起一圈高牆，把自己孤立起來。當觀察者與被觀察對象分裂開來，就會產生這種情形。我不是在推理，是在描述觀察結果。這種方法就是我在演講一開始提到的「自我覺知」。

所以，當一個人實際看見觀察者就是被觀察對象，會發生什麼事情？我們在兒時受過傷害，它們來自學校、父母或其他男生女生。我們一輩子帶著這些傷害，內心深處感到焦慮和恐懼。只要我創造的圖像存在一天，我就一定會被傷害。那圖像就是我。我們可以直視這個事實嗎？不要把它當成一個觀念，應該做的是切實看見「傷害根源於自我圖像」的事實。

然後會發生什麼事？先前，觀察者想盡辦法對「傷害」做些什麼，但在現在的情況，觀察者卻不存在。先前，觀察者想盡辦法壓抑「傷害」、控制「傷害」，為了不被傷害而孤立自己，盡最大努力保護自己。但當被觀察對象就是觀察者的事實被看見，會發生什麼情形？各位想要告訴我嗎？各位如果不試著自行看見這個道理，我說的這一切將會毫無意義。但如果我們一起努力思考，你們就會自行發現：只要你們努力對付傷害，分裂就會繼續存在。對不對？所以，在純粹觀察中，努力並不存在，而被拼湊起來的圖像會開始瓦解。這是重點中的重點。

失序和心

——摘自《克里希那穆提作品集》

在我看來，我們面臨的最棘手難題是秩序和失序，是自由和服從。除非我們從內在解決這個問題，否則我們的革命或自由只會讓混亂和衝突進一步惡化。我們服從，希望服從可以帶來秩序。我們孔需秩序。沒有社會或沒有個人受得了失序。但秩序不可能光靠命令維持。

在我看來，想要得到秩序，我們必須為自己發現什麼會孕育失序。透過明白什麼會帶來失序，秩序便會自然出現。這是很簡單的道理。如果我想知道是什麼造成家庭、自己或社會失序，必須先釐清或移除失序。所以我們正在談的秩序不是一種可以正面定義的東西，只能靠失序的對照而被理解。我們若能理解失序、釐清失序，便能從中產生一種自然秩序。若是把這個順序倒過來，便會適得其反：服從某種外加的秩序只會孕育出更大的失序。我們是人類，總是生活在衝突、恐懼和焦慮中，所以光是尋找秩序的公式，然後服從這公式只會孕育出失序。

請各位不要光從字面理解我的話。今日世界的一個大不幸乃是所有人都不停演講、寫書、提出各種理論和概念，卻毫無行動。我們都是空口說白話的大師，非常擅長建立理論、辯證思考，以為等我們在理論中發現了真理，便可以開始行動，結果是一事無成。我們必須從一開始便明白，秩序不可能來自服從某種模式，不管那是共產黨的模式還是某種宗教的模式。完全正面的秩序只能來自於對失序的深邃了解。各位應該完全不會同意我接著要說的話，但我希望你們至少不要一開始就加以否定，也不要馬上全盤接受，因為這種態度不會有任何結果。

所以，我們必須找出是什麼導致世界的內在和外在失序。理解外在失序將有助於理解內在失序。雖然我把失序區分為內在和外在，兩者其實是一。這是因為，作為人類，我們每個人都既是社會人又是個人。個人離不開社會。是個人創造社會的心理結構，然後他又被困在這心理結構裡。他想盡辦法要掙脫，所以便發動革命，但革命無法解決任何問題。

我們必須探究是什麼原因創造失序，因為在失序中，沒有東西能夠生長，沒有東西能夠運作。只有在極井然的秩序中，我們方有可能理解真理。極井然的秩序不可能來自革命，或來自服從，或來自接受某一公式——不管那是社會主義公式、資本主義公式或宗教公式。

是什麼帶來失序？世界必須有秩序。但現在的世界卻沒有秩序。戰爭是失序的一大根源，包括越戰和發生在其他地區的戰爭。不管是什麼原因導致戰爭，只要有戰爭，就會有失序。但是這個我們身而為人生活其中的世界為什麼會失序呢？我們不是要透過理論或統計數字理解這個問題，而是要透過事實。當我們明白了事實，就可以決定是寧願走這條路還是那條路。

那又是什麼帶來心理的、內在的失序？今日的世界會出現巨大的、破壞性的失序，一大原因顯然是宗教的對立：你是印度教徒而我是穆斯林，基督教裡又有天主教、新教和聖公會之分。當初設立宗教，顯然是為了幫助人類變得文明，不是尋找上帝，因為你是不可能透過信仰、教義、儀式、讀經或追隨一個教士找到上帝。現在這個世界分裂成各種宗教，它們各有各的教義、儀式、信仰、迷信。這些宗教並沒有讓人類成為一體。它們說：「如果你看見上帝，我們就全是兄弟。」但因為大家看見的是不同的上帝，所以大家不是兄弟。我現在陳述的是事實而非理論。

所以，讓人們分裂的宗教是造成大失序的原因之一。各位如果不同意，那就請看看事實。過去兩千年來，基督王國內部一直彼此互鬥，包括了天主教和新教的互動，還有天主教內部的互鬥，並因此產生種種酷刑。在我們的國家則是有印度教徒和穆斯林的互鬥，精神導師和精神導師之間的互鬥，每個精神導師都想得到比別人更多的弟子！

請各位用心聆聽我的話，因為我們正面臨極大危機。不只是作為個體的「我們」面臨極大危機，作為集體的「我們」也是如此。凡是除了想要把秩序帶給自己，還想要把秩序帶給美好社會——不是更好的社會，而是美好的社會——的人都必須解決這個問題。宗教一直把人與人分裂開來，而且不管在東方和西方都發生過慘烈的宗教戰爭。這是失序的一個根源。那些有自己教會、廟宇和儀式的有組織性信仰已經成為一種大企業、大生意，與宗教毫無關係。

近年崛起的民族主義也是失序的原因。印度從來不是一個民族主義國家。歐洲則把自己分裂為許多主權國家，彼此為了爭奪更多土地、取得更大經濟擴張而廝殺得你死我活。距今不久，它們才弄出人類歷史上最具破壞性的兩場戰爭。民族主義把人與人分裂成不同的國籍：你是英國人，我是法國人，他是印度人。現在，我們這個國家也開始宣揚民族主義。有人以為，民族主義可以把全印度團結起來。但膜拜國旗其實毫無意義，因為那只是一塊布。（笑）請不要笑。這不是一個娛樂性聚會。我們必須非常嚴肅，我們面對的問題極其嚴峻。

戰爭把失序帶進世界。它總是具有摧毀性，從不曾有過正義戰爭。就我記得，人類有歷史紀錄以來，大約發生過一萬四千六百場的戰爭。光是一九四五年至今就發生過四十場！第一場戰爭發生時，也許曾有人說過：「願它是最後一場戰爭！」死者的母親、妻子、丈夫或子女想必都哭得很傷心。但事隔五千五百年之後的今日，我們仍然在哀哭。世人把戰爭視為在所難免，認命地接受。在印度，我們也接受了戰爭在所難免，所以有了更多軍備、更多將領和更多士兵。只要主權國家存在於世上一天，就必然會發生戰爭。各位也許沒有兒子在瓦拉那西（Banaras）陣亡，但必然會有一個兒子在越南被殺，不管他是美國人還是越南人。所以，只要主權國家一日存在，就必然會有戰爭。

在這種情況下，那些不願殺人的人要怎麼辦呢？在這個國家，曾經有一代又一代的人是在「不可殺生」原則的薰陶下長大，他們甚至連動物、連蒼蠅都不會傷害。但這已成往事。現在的人都大談印度的精神遺傳，為此寫出一部又一部書，但事實是，我們已經把印度的遺產摧毀。我們只是在嘴巴上說說。

所以，有兩個問題是我們要解決的。首先是，一個不願殺人的人要怎麼辦？說來奇怪，有好些年，大概是從三十年前起，我們印度人都在宣揚「非暴力」的觀念，甚至把它輸出到西方。但現在我們卻是靠著戰爭團結起來！昨天才有人熱情激昂地告訴我，戰爭讓印度人凝聚前所未有的團結！我在好幾個場合都聽過有人這樣說。這種說法不算太奇怪，因為英國就曾發生同樣的事。英國的階級對立就像印度一樣強烈，但在戰時，英國人因為不分貴賤睡在同一個戰壕裡，所以團結得要命。是對敵人的恨把他們團結在一起！你當然可以振振有辭地說：「如果你是政府，你能有什麼選擇？難道當別人攻擊你的國家，你會不抵禦嗎？」但不管是攻擊或抵禦，戰爭就是戰爭，別合理化戰爭！

各位，我們的民族已不是昔日的民族。在這個國家，「不殺生」被宣揚了幾千年，但現在卻沒有一個人會說：「我不要殺人。」當然，我們在私底下還是會強調「不可殺生」，互相勸諫彼此「不可殺生」，卻不會有人公開宣稱：「我不要殺人。」並真的寧可坐牢或被槍斃也不殺人。沒有一個人挺身抵抗潮流。以前，當「不殺生」的理想盛行，我們全都表示支持。現在，當戰爭當道，我們又表示支持。我是指整體的情形，個別的情況不論。

這時候，一個不願殺人的人要怎麼辦？他什麼都不能做，對不對？他要麼是去坐牢，要麼被政府槍斃，因為他被認為是個叛徒，是個不忠者。你們知道，這是政治人物最喜歡給人安的罪名。請各位問問自己，全印度為什麼沒有一個人站出來說「殺人是不對的」？為什麼你們都沒有站出來？有那麼多以宣揚非暴力為宗旨的組織，卻沒有一個挺身而出。當一個國家沒有人願意為自己的信念站出來說話，就代表這個國家出了大問題。所以，民族主義是一種失序，它會孕育失序。戰爭也會孕育失序。宗教顯然一樣。所以，一個文明人，我是說一個真正的人，不會接受主權國家。你們說：「我是印度教徒。」但誰又會在乎你們是印度教徒還是中國人還是什麼其他人？重要的是你們本身，不是你們的標籤。

所以，除非各位擺脫所有標籤，包括社會主義者、共產主義者、資本主義者、美國人、英國人、印度人和穆斯林等等標籤，只要你們持續給自己貼著標籤，不管是私下或公開，你們就是正在世界裡孕育失序。另外，只要你們歸屬於任何宗教團體，或追隨任何精神導師，你們就是在自己的內在和外在孕育失序。因為追隨某個人不會讓你們找到真理。精神導師告訴你們：做這個、這樣冥想、那樣修煉。但你們絕不可能透過這種方法找到真理。人只有在自由中方能找到真理。你們必須孤身獨行，違逆潮流，奮力作戰。你們知道嗎，前幾天才有人告訴我，印度目前打的這場戰爭是得到《薄伽梵歌》認可的！我覺得這種說法真是太天才，不知你們有何感想？

所以你們要怎麼辦？作為人類，你們要怎樣對抗這個問題？這個國家很貧窮，貧窮得要命，這一點你們和我一樣清楚。因為現在這場戰爭，印度的貧窮問題會進一步惡化。印度的問題還有缺雨、缺乏效率、貪污腐敗和國家分裂。我們只接受某些國家提供的食物，不接受另一些國家提供的，而這全是政治因素作祟！所以，作為人類，你們打算怎麼辦？你們要麼是接受失序，繼續生活在失序中，繼續忍受無效率、戰爭、貧窮和飢餓，要麼是本著人類的自覺，拒絕接受這一切。你們不能只是拒絕接受一部分，就像你們不能只拒絕接受毒藥的一部分，而是必須全然拒絕。這表示你們必須孤身獨行。你們將會被全社會鄙棄，將會被槍斃。但大概不是在這個國家被槍斃，因為這國家連槍斃人也不是太有效率。在上一場世界大戰中，歐洲有很多人被殺。當時，有一個十八歲的男孩拒絕殺人，結果被槍斃。他沒有提到「非暴力」、「不殺生」或《薄伽梵歌》，他只是不要殺人，寧願被殺也不要殺人。

有見於此，想要解決內在失序和外在失序的問題，光是當個和平主義者並不足夠。

解決辦法位於更深的層次。但要找到答案，我們得先拒絕接受一些看似顯然的見解。你們不能一方面想看見得更深，另一方面又任一些看似顯然的見解毒害你們。你們不能說：「我打算追隨我的精神導師，按照他的教誨生活和冥想，然後努力找到一個更深刻的答案。」兩者是無法並存的。你們要不是得全盤接受，就是必須否定整個現狀，而且是以個人的身分否定，不是以集體的身分。因為如果你是以集體的身分否定，你只是在服從，背後可能有一百個或一百萬個人在支持你。但要孤孤單單站出來非常困難，因為那可能會讓人失去工作。這是你們都知道的。

所以，當我們看見自己和世界的巨大失序時，我們要怎樣才能帶來若干秩序？誠如我們說過，當我們明白失序，秩序就會出現。當我們不再是民族主義者，當我們不再是透過某些組織、某些信仰和某些精神導師追求真理，秩序就會出現。

現在我想問，有什麼可以促使一個人改變？這是真正的重點。有什麼可以讓你們丟棄原來的民族主義立場，讓你們不再追隨一位精神導師？在我看來，「精神導師」這東西是毒藥，而追隨別人是醜陋的行為。各位會丟掉這一切嗎？各位會丟掉你們的印度教、你們的精神導師、你們的民族主義嗎？你們會孤身獨行，不追隨任何人的說法嗎？這是關鍵中的關鍵。什麼樣的力量可以讓我們斬釘截鐵地表示：「我不玩了！」絕大多數人八成沒想過這個問題。你們從沒有在心裡對自己說：「為什麼我不站出來，大聲說出我不要殺人？」為什麼你們不站出來？不要編藉口，說說真正的理由。

然則有什麼可以促使我們改變？這是關鍵中的關鍵。你們也許會這樣想：「我不想改變，我願意接受現狀。對我來說，現狀已經夠好。確實是還存在失序，還存在貧窮，還存在飢餓，還存在戰爭，但戰爭已經存在五千年歷史，將來也一定還有戰爭。而且世界多少只是個幻境，所以又有什麼關係？」你們都是這種態度，你們之中大部分人顯然都是這種態度。因為人類具有異乎尋常的適應能力，例如可以為了親近上帝而生活在一個小房間裡，每天只吃一餐，讓肉體備受折磨。又或是對發生在越南的慘況視若罔聞。人類什麼都能適應，不管是髒亂的街道、沒蓋子的排水溝或腐敗的市政府都能夠適應。畢竟，適應能力正是人類異於動物之處：人類有適應能力，動物則否。

所以，我們大部分人繼續接受現狀，讓自己不快樂，準備好殺人或被殺。如果你們接受現狀，那就沒有其他好說的。「這是我的命。我父親是這樣生活，我祖父是這樣生活，我兒子也將是這樣生活。接下來的世世代代也會有相似的生活方式。」如果你們接受這個，那就不用傷腦筋。但如果你們不接受，如果你們擁有強烈的感情，對怪獸般的現狀深惡痛絕，那你們要怎麼做？這樣的人要如何才能改變？他要如何在自己裡面製造突變？這突變也許會影響整個社會，也許不會，但會不會都不重要。社會鼓勵失序，鼓勵貪婪，鼓勵嫉妒，鼓勵爭權奪利，這就是社會的本質。當你們看出這個，你們要怎樣改變？

我可以繼續談談有什麼可以帶來如此巨大的一種心靈突變嗎？好，我會繼續。但我不是要你們回答「同意」或「不同意」。因為當你們看見失序又擁有熱情，就斷不會說：「向我顯示道路吧，我會追隨。」我們準備要談的無關喜歡或不喜歡、方不方便，也不是共產主義、社會主義、印度教或佛教那一套。我們是要透過事實談人類意識巨大改變的必要性。電腦、自動機器和其他科技進步都行將為世界帶來若干改變。人將會有更多空閒——我不是指這個國家的人，是指歐洲人和美國人。想要擺脫自動機器、電腦、戰爭、民族主義和宗教差異，作為個人，而非隸屬於某個組織的集合體，我們每個人都必須經歷巨大的突變。然則，有什麼力量可以打破我們生活在其中的巨大破壞性混亂？

有什麼可以促使一個人改變，哪怕只是改變一點點？以抽菸為例，什麼原因會促使你戒菸？如果醫生說你的肺已經受損，你就會戒菸。在這個例子中，促使改變的動力是害怕。懲罰和獎勵是唯一可以促使我們改變的動力。天堂和地獄是獎懲的一種，它們會讓人為來生著想，而在今生循規蹈矩。所以天堂是胡蘿蔔，地獄是大棒子。獎懲是我們唯一買帳的東西：「它會帶來更大利益、更大滿足、更大刺激、更大好處，所以我願意！」問題是，獎懲帶來的改變真的算是改變嗎？各位，這問題必須由你們自己來回答。由獎懲促成的改變真的是一種徹底改變，而非膚淺改變嗎？過去幾十個世紀以來，膚淺的改變一再出現，但從未引起人類的任何突變，從未在人類心靈掀起任何革命。我們想要的是更深刻的答案。

如果沒有了獎懲，還有什麼可以促使一個人改變？事實上，現在已經沒有誰會獎勵你，沒有誰會來懲罰你。沒有。沒有人再相信上帝會因為你的好行為而獎勵你：人的行為在上帝眼中不值兩文錢。教會不再被人當一回事。在歐洲，天主教徒照樣會上教堂懺悔，但只是做做樣子。除了在最落後的國家之外，其他地方的宗教信仰正在式微。印度大概也是這個樣子：大家都是口頭上說相信神，但不會太積極，頂多是假裝積極。再沒有誰會獎勵或懲罰你了。另一方面，社會向我們大力呼籲：「貪婪吧！嫉妒吧！競爭吧！吵架吧！殺死穆斯林吧！不然穆斯林就會殺死你。」社會愛這一套，而政治人物隨之起舞。所以沒有人準備要獎勵或懲罰你，沒有。你的精神導師和你的神都不會獎勵或懲罰你，因為事實上，我們已不再打從心底相信我們的精神導師。能夠懲罰我們的大概只剩我們的丈夫或妻子。當我們的妻子不高興，她們就會說：「我今晚要跟你分房睡！」這大概就是最大的懲罰。

既然獎懲不復存在，那還有什麼別的可以促使我們改變？各位知道嗎，這個問題對我們每個人來說都越來越複雜。它對你們來說也是一個問題嗎？如果你們夠深思、夠認真，如果你們有看見世界正在發生什麼事情，它對你們來說就必然是個問題。當你們看見了這個國家正在發生什麼事情；當你們知道了宗教已不再有任何意義；當你們明白了追隨精神導師有多荒謬，不管有多大的好處或快樂；當你們了解了沒有人可以帶給你們自由，沒有人可以給你一顆健康、強壯、平靜的心；當你們曉得了將不再有任何社會或人懲罰或獎賞你們，就會領悟人類必須做出徹底、根本的改變，從內心深處做出改變。現在，這種改變要如何發生？

今天早上就到此為止，我們二十五號早上再繼續，好嗎？這樣你們就有時間好好思考，到時再就今日討論過的內容提出問題、進行更深入的討論。

提問者 我明白你今天早上說過的一切道理，但我沒有任何改變。

克里希那穆提 讓我們慢慢來，不要感情用事。

提問者 我沒有感情用事，我看見得很清楚。

克里希那穆提 我想要釐清你的問題。有兩種看待事情的方式，一種是用知性來理解我們說過的一切，把它們看成一種觀念。知性上的理解是膚淺的。這樣的人從不會思考「我要怎樣才能有所改變」的問題。他會說：「事情一向如此，也會繼續是如此。」或者他會說：「我看見了，我嗅到了，我嚐到了，它在我內心沸騰。我被它燒灼，卻沒有任何行動。」還有些人是真正看見，而這看見本身就是行動。

提問者　先生，雖然你談論人類必須改變已經談了四十年，但這樣的事並未發生過。

克里希那穆提　不錯，我已經談了四十年，你們其中很多人也聽我談這個聽了四十年。但你我還是各走各的。我沒有氣餒，你們也沒有氣餒！基本上，你們沒有氣餒：你們想走你們的路，所以就繼續走那條路。那位先生說：「你談這個已經談了四十年，多麼浪費時間啊！」我一點都不覺得是浪費時間。我們還有其他難題要對付。

提問者　你完全遺世獨立，所以可以過得快樂。

克里希那穆提　你們不也可以做一樣的事嗎？

提問者　我們都是普通人。

克里希那穆提　我們負擔不起繼續當個普通人。有過一個時候，當普通人是可以的。但今日你們再也負擔不起當個普通、平庸、枯燥和愚蠢的人類。世界面臨的挑戰太巨大了，你們必須做些什麼。所以讓我們慢慢克服，先生。如果你只是從知性上理解這個問題，它對你就不構成一個問題。如果一個人是有一點錢或有一份好工作，當然是可以坐在一張舒舒服服的搖搖椅裡看待這個問題……

提問者　先生，讓我們一起克服吧。

克里希那穆提　很高興我們可以認識彼此，讓我們一起克服。如果一個人是某個共產主義組織或其他等等組織的重要幹部或領袖，就會希望世界根據自己組織信奉的模式做出改變。這是其中一類人。另一類人是知識份子，他們演講、寫書、參加會議，從來離不開會議，總希望可以講個不停。還有一類人看見了這個世界的混亂、失序、悲慘和痛苦，卻又不知道該怎麼做。他們掙脫不了他們的民族主義、宗教信仰和精神導師。

再來還有極少數的人是真正看見。他們說：「我看見了世界的混亂，那是一種真真切切的混亂。」這種知覺本身就是行動，不是先看見，再行動。那就像是看見毒藥：真正看見毒藥的人一定會馬上把毒藥丟掉。這類人非常非常少，因為真切的看見需要巨大精力、探索和凝神，需要把所有虛榮心和所有愚蠢丟掉的決心。

知識份子顯然有他們自己的搖搖椅[2]，而即使他願意拿走一張搖搖椅，也必然會虛

2譯注：似乎是指不切實際的理想。

構出另一張。如果你拿走這個組織，他就會變成超級共產主義者之類的。所以，會剩下的是處於中間狀態的人。他們說：「我看見了，但我不知道該怎麼辦。請告訴我該怎麼辦。告訴我下一步，一步一步告訴我，我會照著走。」這是他們遇到的困難。他們盼著有人教導他們。你們跑來我這裡，表示：「你是我們的精神導師，請教我們該做什麼。」各位是他們其中一員，不同處只在於，你們沒有追隨蓄白色大鬍子的年老精神導師，而是跑來對我說：「你是我們的精神導師，請教導我們應該怎麼做。」但我拒絕被放入這種位置。

提問者　但問題仍然存在：雖然你談這個談了四十年，卻不曾有一個人有所改變？

克里希那穆提　這位先生問我，我用不同的表達方式談同一件事情談了四十年，卻不曾有一個人有所改變，為什麼會這樣？先生，你願意幫我回答嗎？理由要麼是因為我的話是錯的，所以不會發生作用，要麼是因為你沒有真正聆聽，所以你的理性、你的知性、你的常識就告訴你：「他說的全是垃圾！」所以我的話對你來說毫無意義。

提問者　為什麼真理會那麼無能？

克里希那穆提　因為真理不包含行動。真理是軟弱的。真理不是功利主義者，真理無法組織化。它就像風，不是你捉得住，不是你可以抓在手裡。所以真理無比脆弱，就像路旁的小草一樣無能，是你輕易可以踩扁。但我們卻想用它來建立一個更佳的社會結構。但我恐怕它不能為你所用。真理就像愛，愛從來不能逼人要它，要不要它完全是由你自己來決定。

所以，先生，問題不在於我們談同一件事談了四十年。真正的問題在於，當一個人聽講四十年、當一個人看見一切之後，如果仍然沒有起而行動，就代表他是沒有眼淚的，只有一顆乾巴巴的心，滿腦子文字和理論，念茲在茲的都是自己。這樣一個人要如何才能讓自己的心再次有愛？這才是真正關鍵的問題。

否定「實然」

——摘自《五次談話》

房間裡有四、五個人，有些是大學生，有些是大學畢業生，已經在社會工作。其中一個大學生說：

「我去年聽過你講話，今年又聽了一次。我知道我們全是受制約的。我覺知到社會的獸性，覺知到我自己的嫉妒和憤怒心理。我還知道教會的歷史、它引起的各種戰爭、沒原則可言的行為。我研讀過歷史，曉得宗教信仰和意識形態為世界帶來過許多衝突。人類的這種失心瘋看來無藥可治，我們注定永遠受苦，除非能夠為自身帶來改變。真正重要的是那真能自我改變的少數人，只有他們可以為亂糟糟的世界貢獻些什麼。我們幾個是代表其他人來請教你這件事情的。我們其中一些人態度認真，但不知道這種認真能讓我們走出多遠。所以我想請問，像我們這種人，態度半認真，有點歇斯底里又有點不理性，還未能完全擺脫偏見和虛榮心，像我們這種人，改變是可能的嗎？如果不可能，我們將會摧毀彼此，我們的物種將會消失。在現今世界，雖然和解也許是可能的，但總不能排除有某個瘋狂群體會在哪一天丟出原子彈，那樣，我們所有人將會為其所吞噬。這種可能性清晰可見，也被許多教授、社會學家和政治人物討論過。所以，我想請問，人類真有可能徹底改變嗎？

克里希那穆提　我們中間有些人不太確定自己想不想改變，因為他們很享受暴力。對某些人而言，暴力甚至有利可圖。有些人則是渴望現狀不會改變。還有些人想透過超級刺激的情緒表達方式尋求改變。我們大部分人都想得到這種或那種形式的權力：或是控制自己的權力，或是控制別人的權力，或是想出新觀念的能力，或是領導權力，或是名譽地位，諸如此類。政治權力就像宗教權力一樣邪惡。但世界的權力或意識形態的權力無法改變人類。另外，轉化一己的決心也不會帶來這種改變。「我明白，」原來的學生說：「但如果決心和意識形態都無法帶來改變，那又有什麼能帶來改變？有什麼誘因可以做到這個？而所謂的改變又是改變成什麼樣子？」

房間裡的大學畢業生表情相當嚴肅，非常專注地聆聽談話，沒有人望向窗外那隻棲息在高枝上的綠黃相間的小鳥。牠沐浴在早晨艷陽下，正在梳理羽毛，從高樹上望向整個世界。

其中一位大學畢業生說：「我不能百分之百確定我想要有任何改變。改變也許只會把情況弄得更糟。目前的失序多少還有點秩序，新的秩序可能意味不確定、不安全和混亂。當你談到改變的必要，我並不完全同意。當成一場推論來聽聽可能還滿有意思的，但如果發生一場革命的話，有可能會讓我失去工作、失去房子、失去家人等等。這是一種最可怕的情景，我不想看見它發生。你還年輕，可以和改變的觀念遊戲。不過，我還是樂於聆聽你們的討論，看看會討論出什麼結果。」

在場的大學生望向他，流露出因不受家庭、團體、政黨或宗教組織羈絆而來的優越感。他們先前說過，他們既非資本主義者，也非共產主義者，對政治完全不感興趣。對於大學畢業生說的話，他們以寬容的微笑回應，但多少有點不自然。這兩個世代之間存在著鴻溝，而他們並不準備在鴻溝上搭橋。

原來的大學生繼續說：「我們並沒有向誰或什麼輸誠，所以並不是偽君子。我們當然不知道我們想要做些什麼，卻知道什麼是不對的。我們不想要社會差異和種族差異，不想要各種愚蠢的宗教信仰和迷信，也不想要政治領袖——雖然要防止戰爭有賴一種完全不同於當前的政治制度。所以，我們真的非常關心人類完全轉化的可能性，想要參與其中。所以，我想再請問一次：首先是，有什麼可以促使我們改變？其次，我們應該改變成什麼樣子？

克里希那穆提　第二個問題顯然就隱含在第一個問題裡面，對不對？如果你已經知道你會變成什麼樣子，那還算是改變嗎？如果一個人知道自己明天是什麼樣子，那這個「將會是的樣子」便業已存在於當下。未來就是當下，已知的未來就是已知的當下。未來是對現在的已知的一種投射、改塑。

「對，我非常明白你的意思。那麼，就讓我們只管第一個問題。我們要怎樣才能改變？是什麼驅力或動機或力量可以讓我們突破障礙？」

克里希那穆提　只要完全無為。只要完全地否定「實然」（what is）便足夠。我們沒看出這種否定中包含龐大力量。只要你能夠拒絕接受原則和公式的整個結構，並因此拒絕接受由這結構衍生的權威，那這否定本身就會給予你們拒絕所有其他思想結構所必需的力量。如此，你們便會擁有做出改變的能量！拒絕接受本身便是能量。

「這就是你所謂的對歷史積累的『死去』」？

克里希那穆提　對，這死去可以讓人重生。對「已知」死去，整個改變的運動就會開始。

「這種拒絕是一種積極行動？」

克里希那穆提　學生發動的革命看似一種積極行動，但這種行動非常局部和破碎。它不是一種全面拒絕。當你問：「這種死去是一種積極行動嗎？」答案是既是又不是。如果你積極離開一棟房子卻又走進另一棟房子，你的積極行動便會變得毫不積極，因為你只是用一個新權力結構取代一個舊有權力結構，而你很快又會需要離開後者。這種不斷重複看似是一種積極的行為，但事實上是一種無所作為。但當你拒絕欲望，不再尋找所有內在安全感，那你的行為就是一種全然否定，也是最積極的行為。也只有這種行為能為人帶來轉化。如果你拒絕一切形式的仇恨和嫉妒情緒，你就是拒絕了人在自身裡面和周遭創造的整個結構。那非常簡單。一個問題是和所有其他問題環環相扣的。

「這就是你所謂的『看見問題』嗎？」

克里希那穆提 這種看見揭露了問題的整個結構和性質。它不是分析問題，不是要揭露因果關係。它就像一張攤開的地圖那樣，擺在你面前要供你看見，但你必須沒有預設立場方能看見。這就是困難所在。我們都是有「歸屬」的，因為歸屬感會讓我們感到極度安心。但只要你有所歸屬，就不可能看見。當我們有所歸屬，我們會變得非理性和暴力，然後會想透過歸屬於別的什麼來終結暴力。這樣，我們就會陷入一個惡性循環。人類過去幾百萬年來都是這個樣子，卻竟然還有人大談什麼「進化」。愛不是位於時間盡頭。它要麼現在就存在，要麼是不會存在。地獄變了個樣子還是地獄。改革地獄只是給同一座地獄重新裝潢。

恐懼與欲望的角色

——摘自一九七九年七月十七日在瑞士薩嫩的演講

一個讓人好奇而各位想必也曾問過自己的問題便是：你們聽我說話已經那麼多年，為什麼還是完全沒有改變？最根本原因何在？是只有一個原因還是有很多原因？我們都知道，世界變得越來越破碎，越來越暴力，人群彼此傾軋。我們沒辦法一起分享世界的能量，你們知道這是怎麼回事嗎？我們和這現象的關係為何？我們與世界的關係為何？我們和這一切是不相干的嗎？我懷疑我們和周遭世界是否如此截然不同。世界上有那麼多彼此競爭的精神導師、彼此競爭的宗教和相互對立的觀念，我們要怎樣才能一起轉化自身？我是用最嚴肅的態度問這個問題：為什麼我們老是要帶著我們那些可憐兮兮的理想活在我們累積起來的愚蠢中？為什麼我們要繼續這樣下去？

是因為我們害怕改變嗎？是因為我們沒有欲望或意圖找出一種不同的生活方式嗎？請各位問問自己這個問題。我是問各位，不是問我自己。為什麼人類心靈會變得如此失能，如此不思作為？為什麼人類心靈會變得那麼小、那麼排他、那麼不願意把一切納入，樂於生活在一個小院子裡？根本原因何在？

前些天你們問過這個問題：「為什麼我聽你說話已經聽了五十年或四十年，卻毫無改變？我也許確實有過一點點改變，例如說我不再是一個民族主義者，不再歸屬於某個特定的組織團體，不再執著於某種宗教思考方式，不再膚淺地歸屬於某個宗派或某個精神導師，但在內心深處，我多多少少還是老樣子。我們也許變得比較文雅、比較不那麼自我中心、比較不那麼有侵略性、比較有容人雅量，但本質上並未改變。」你們有自覺到理由嗎？為什麼會這樣？我們在談的是根本上的改變，不是枝葉方面的改變。我們在談的是我們自覺或不自覺的自我中心心態的根源。

是因為我們需要時間嗎？人類已經存在幾百萬年，但劣根性從未被連根拔起。所以時間並不能解決這個問題，對不對？請用心想想我這番話。進化是時間的運動，但進化並未解決人類劣根性的問題。我們現在是有了更好的浴室、更好的通訊設備，但我們的本質和一百萬年前的人類並無不同。認知到這點還真有點悲哀。如果各位真是態度認真，即不只是在這個房間裡態度認真，還會在日常生活裡認真，那麼，你們可曾自問：「這種自我中心的活動和它製造的各種問題是有可能終結的嗎？」如果你們曾認真問過這個問題，又了解時間與思想是同一回事——這個我們前幾天曾深入談過——就會知道思想或說時間並未解決這個問題。它是我們僅有的工具。我們看來從未意識到這工具不能解決問題，未意識到它是有侷限性。我們死抓住它不放，死守著同一件老工具不放。

思想是一切難題的根源，這是顯而易見的。民族主義、戰爭和宗教全是有侷限性的思想運動所創造。這思想還為自己創造出一個中心。因為看來無法找到一件新工具，所以我們死抓住舊工具不放，希望騎驢找馬。各位明白我的意思嗎？但要找到新東西，我們不是必須先丟掉舊東西嗎？如果你們看見一條路可以通到山頂，後來卻發現這條路其實不會通到山頂，這時你們一定不會執著於原來的路，而會改找新路。所以我不禁要問：人類為什麼會愚蠢得那麼不可思議？他們發動戰爭，用民族主義和宗教讓自己破碎化，生活在悲慘、不快樂、充滿爭吵和充滿衝突的狀態，這是所為何來？

那麼，有什麼動力可以促使人類丟棄舊工具，轉而尋找新工具？我們不思這樣做是因為懶惰嗎？是因為害怕丟棄舊工具之後找不到新工具嗎？那表示，我們是生活在有侷限性的思想裡，並因此感到安全，所以害怕把它丟棄。然而，只有丟棄舊的才會找到新的。這是顯然之理。

所以，是恐懼在作祟嗎？環顧全世界，有數不清的精神導師向信徒保證，只要照他們說的方法修煉，最終就會得著安全，換言之是得著獎賞。獎賞的承諾非常吸引人。但如果你再仔細觀察，而不是把別人的話照單全收，就會發現，希冀獎賞其實是對懲罰的一種逃避。我們被訓練成按照獎懲的架構思考。所以我們想逃避懲罰，換言之是逃避痛苦、悲傷和諸如此類的情緒。我們尋求獎賞，希望找到某種安全感、某種平安、某種快樂。但當你照著別人的話去做，卻不會找到這些。精神導師或神父、牧師也許是保證過，但他們說的只是空話。

然則，作為人類，我們要如何才能將有毒害性的自我中心活動完全剷除？我不知道各位有沒有問過自己這個問題。如果有，就表示你們的智慧增加了一些。所以，今天早上我們要一起來思考這個問題。我是說一起思考，不是光我說而你們接受或不接受。讓我們一起思考，自我的活動是否可能終結。各位有興趣這樣做嗎？不，不要光是點頭。這是非常嚴肅的問題。在我面前，各位也許會表現得非常熱中。你們也許會說：「對，我同意你說的，我們必須一起思考。」但一離開這個帳棚，便把討論過的忘得一乾二淨，繼續以原有方式生活。我希望你們不會。所以，讓我們把原有的偏見、原有的精神導師和原有的結論推到一邊，一起來研究這個問題。

要能進行研究，一個人必須是自由的。這點再清楚不過。你必須擁有探索的自由，必須擺脫那些會妨礙你探索的大石頭。這些大石頭包括你的偏見、你的經驗、你的知識、他人的知識。這些都是障礙。有它們存在，你便不能和他人一起思考、一起探索。但我沒有這些問題。我沒有偏見、沒有信念。它們都完蛋了。

所以讓我們一起思考、一起探索，為什麼全世界的人類始終停留在以自我為中心的狀態。雖然明知這種狀態帶來了各種問題，明知它會引起困惑、悲慘和悲哀，他們還是依然故我，對不對？現在讓我們來問這個問題：是因為欲望嗎？各位知道欲望是什麼嗎？它是自我中心行為的根源嗎？何謂欲望？你們全都渴望很多東西，包括渴望開悟、渴望快樂、渴望穿著好看、渴望世界和平。全人類都是受到欲望驅策。我們要問的是，欲望是帶來種種混亂的人類自我中心行為的根源之一嗎？

全世界的宗教都主張人必須壓抑欲望。你必須削髮事奉上帝，必須摒棄欲望方能臻至最高境界。全世界的所謂宗教人士都不斷宣揚這一套。他們不了解欲望的結構和性質，所以只管教人透過壓抑、節制和支配欲望去取悅最高原理——不管那是印度教的梵天、基督教的上帝或基督，還是其他宗教的胡說八道。

現在，讓我們一起來看看欲望是什麼。請謹慎聆聽。當你們分析何謂欲望，就是用思想作為分析工具，換言之是走入過去。各位明白我的意思嗎？每當你們進行分析，你們就是在使用一種舊工具，即有侷限性的思想，用它來一步一步觀照過去。心理分析就是這樣一種過程。但要檢視欲望，你必須如實地看見它，不是把它推回過去。各位對此必須有充分清楚的認知。心理分析是一種回溯性的自我檢視，是要往回走入過去，找出原因。要這樣做便需要動用思想，對不對？但思想卻是有侷限性的，是一種舊工具。所以，藉助心理分析就是藉助一種舊工具去找出欲望的根源。

現在我們要用的是一種完全不同的方法。務請聽仔細。我們說，除非是有點神經質的人，否則對自我進行分析，不管是自行分析還是請專家分析，將不會有任何幫助。我們主張，應該做的是觀察欲望的性質——不要分析，光是觀察。各位明白箇中分別嗎？

我說得夠清楚嗎？我會向你們說明所謂的「光是觀察」是怎麼回事。各位也許會要求我用精確的字句，把欲望的整個活動一步一步解釋清楚，但光是有精確的字句是不夠的，各位還必須要自己看見。

所以，各位可以停止分析，光是觀察嗎？各位明白我的意思嗎？我們可以描述山的美、白雪的美、藍天的美，而我們大部分人都是以得到這種描述為滿足，不會說：「站起來，我們爬到山上去看看是不是這樣子。」

我們進入欲望的問題時必須非常小心，不要往回追索，以為那樣做可以發現欲望的性質。我們應該做的是一起積極地觀照它。欲望是什麼？各位自己觀照。我們一起觀照。比方說你在商店櫥窗看見一件漂亮的衣服，並產生擁有它的欲望。你喜歡那衣服的顏色、形狀和款式，而你的欲望對你說：「把它買下來吧。」那麼，在這一刻，究竟發生了什麼事？我們不是要分析，而是要觀察人在看見商店櫥窗內一件衣服時會有的反應。請不要打瞌睡。

你看見那衣服，喜歡它的顏色，喜歡它的款式，這時發生了什麼事？你看見它，而這看見會產生「感覺」（sensation），對不對？然後你又走進店內，摸了摸那衣服的質料。然後，思想會創造出你穿上衣服的畫面，然後欲望就出現了。你們明白嗎？看見、感覺、觸摸，然後是思想先想像出你穿上那衣服的樣子，欲望才出現。你們有聽懂嗎？不是聽懂，是有看見這個事實嗎？我是用語言文字來解釋，但我說的卻是一個實際會產生的反應。先是看見、觸摸和感覺，然後是思想想像你穿上衣服的樣子，然後是欲望的誕生。

所以，在思想創造出畫面那一刻，欲望就誕生了，對不對？請用心揣摩，我已經解釋得煩了。我再說一遍：你看見櫥窗裡的衣服，這看見是一個視覺反應，然後你走進店裡觸摸衣料的質感，然後思想說：「我穿上它會多好看。」然後思想想像出你穿上那衣服的樣子。這就是欲望的運動。各位看見了嗎？不要只是透過我的解釋明白，要做的是透過我的解釋看見。各位有像事情正在發生那樣看見它嗎？

接著的問題非常重要，請務必聽仔細，那就是，思想為什麼會創造出你穿上那衣服的畫面？觀察它，思考它，發揮你們的腦力。你看見一件藍色襯衫，然後你走進店裡觸摸它，感受衣料的質感，然後思想會跑出來說：「好漂亮。」現在的問題是：思想有可能會自我抑制，不創造畫面嗎？你們明白這個問題嗎？慢慢來，我會解釋。

我們正在檢視欲望的運動過程，因為我們想了解，欲望是不是人類自我中心行為的最根源。我們一開始先是問：何謂欲望？然後講者表示他絕對反對壓抑欲望，因為這解決不了問題。他說，不要跑到一家修道院，不要發誓出家，因為那只是逃避問題。他要求我們觀察欲望，但不要分析。只管觀察它實際發生的樣子。這觀察顯示當事人先是對藍色襯衫產生視覺反應，然後走進商店裡、觸摸衣料，然後思想創造出畫面，欲望隨之產生。只有當思想創造出畫面，欲望才會出現，否則欲望無由產生。各位看見了嗎？

所以，欲望是在思想創造出畫面那一刻出現。假定你有一個愉快的經驗，性經驗也好，其他經驗也好。它創造出一個畫面，然後你開始追逐這畫面。它們一者是快樂的一種，一者是欲望的運動——想要擁有藍色襯衫，或想追求功成名就之類。現在各位可有真正看見欲望是在思想創造出畫面的一刻誕生？各位現在雖然坐在這裡，但要實際觀察到並不難，對不對？那很簡單。

隨之而來的問題是，思想有可能不創造畫面嗎？這是關鍵中的關鍵。我有把事情說得太深奧嗎？一開始，我對藍色襯衫只有視覺和觸覺兩種感覺。到這時候為止，欲望還沒有生起，有的只是感官反應。但在思想創造出畫面的那一刻，欲望的整個運動就開始了。各位有看見嗎？如果有清楚看見，那接著會產生的問題便是：為什麼思想總是要創造畫面？為什麼呢？當你看見一件襯衫，不管它是紅色、藍色還是白色，你都會即時有喜歡或不喜歡的感覺，而這意味著思想把它先前的經驗帶了進來。

所以我們可以看出，一切問題都是從思想跑出來的那一刻開始。不只藍色襯衫或你的性經驗是這樣，舉凡你得到名譽、地位的畫面都是這樣，都是思想摻和進來的結果。欲望就是這麼回事。所以，我們可以光是看見而不讓熊熊的欲望出現嗎？試試看，各位做得到的。這是我們的一件新工具，我是說觀察。

再來還有對安全的欲望。我們渴望有房子、有銀行存款，它們全是一種對安全的欲望。人也會想要製造對於自己的安全感，對於自己的想像，並且實現眼前的這個想像。但在實現欲望的過程中，我們總是會遇到很多不同挫折。然而，不管有多少傷心失望，欲望的追求不會停止，因為每當「感覺」出現，思想就一定會創造畫面。不知道你們有沒有看見？

我們要問的下一個問題是：欲望需要對恐懼負責嗎？我們透過欲望追求安全，又把這欲望的實現寄託在上帝。另一方面，我們又可能在內心深處意識到，我們為之投注許多精神心血的東西其實全無價值。因為這樣，我們會恐懼。各位有聽懂嗎？再一次，這不是一種分析。分析是一種愚蠢的老套遊戲。我們是正在觀察恐懼。我們在它生起處觀察它，由此觀察它的根源是什麼。這根源不可能透過分析發現，只能透過觀察。明白嗎？你們的樣子看來相當困惑。我會再仔細說明。

人類總是生活在恐懼中，總是把恐懼視為無可避免。對外，他們恐懼暴力，害怕受到身體傷害。對內，即在心理層面，他們害怕不符合一個模式，害怕眾人的意見，害怕沒有成就。各位有看見這個事實嗎？有如其所如地看見恐懼的運動方式嗎？

各位累了嗎？再十分鐘就好。請忍耐！我強調看見，是因為一個人唯有看見這個事實，才能絕對擺脫心理層面的恐懼。不要聽我說什麼便接受，你們的人生是你們的，不是我的。各位必須自己去印證我說得對不對。

所以你們必須問自己：恐懼是什麼？它的根源是欲望嗎？慢慢思索，別抗拒。欲望出現的原因我們已經說過：思想創造出畫面，然後追逐那畫面。如果得到所求，恐懼就不會發生，或至少不會引發其他災難。但如果追逐落空，恐懼就會產生。追求性滿足就是這樣一種追求，它是世界剛發現的一種玩意兒，鬧得沸沸騰騰，讓雜交大行其道。所以我們要問：恐懼是欲望的產物嗎？欲望就是畫面的形成和在行動中把該畫面落實。另外，務請聽仔細，恐懼會不會還是寄生於時間？各位懂我的意思嗎？恐懼是時間的運動過程嗎？所以，欲望和時間是不是得同時為恐懼負責？天啊，好複雜！不用怕，我會解釋。慢慢來。

欲望是思想攜帶著畫面的運動。換言之，是思想的運動創造了畫面，而那畫面的運動就是時間。我說的時間不是順序時間（chronological time），而是心理時間。我們問說：時間是不是同樣得為恐懼負責？時間是欲望創造的，而欲望是思想創造的，而思想就是時間，所以思想和欲望都要為恐懼負責。各位有看見這一點嗎？比方說，我害怕你會對我做什麼不利的事，或害怕你會在心理上傷害我。我害怕那隻狗會咬我，但當那隻狗咬我一口之後，時間便結束了。我創造出「狗可能會咬我」的畫面，而這畫面裡有時間，即未來。所以凡是欲望都是指向未來。而時間當然是未來，過去、現在和未來。

接下來的問題是：思想可能意識到是自己的運動創造出恐懼的嗎？當思想意識到自己是恐懼的活化原理，將會發生什麼事？我不知道各位有沒有看見。請試著觀察。這個問題非常值得我們一起思考。那樣，當各位離開這個帳棚時，就會明白恐懼的運動過程，明白欲望的性質，明白有侷限性的思想的性質。各位可曾意識到這一點？或只是單純地接受這說法？各位一旦意識到，它們就玩完了。各位從此不會再相信任何精神導師、任何宗教和其他胡說八道。

提問者　我的思想不會停止。

克里希那穆提　問題不在於思想會不會停止。稍後談到冥想時，我們會談一點這個。但它不是現在的重點。我是在問：思想可不可能意識到它所做的事？它創造出欲望，而欲望的實現需要時間。因為有時間，所以會有恐懼。思想還創造出未來。我們希望不會再承受痛苦，而這個希望是指向未來，所以是思想創造出未來，對不對？因此，未來正是恐懼的根源。不知道你們明不明白我的意思？

如果一個人即時便死掉，他就不會有恐懼。比方說我心臟病發作，馬上死掉，我便不會有恐懼。但如果我的心臟只是很脆弱，我只是也許會死掉，未來的觀念便有機會作祟。未來就是恐懼的運動過程。明白嗎？我說的明白不只是嘴上明白，還是真切看見，看見它的真理。

這真理會自動運作，你無須花任何氣力。如果你有看見那真理，有看見它是事實，你的思想就會說：「好吧，我完了。」思想無法在事實的基礎上運作。它的基礎只能是非事實的東西。所以，當你們聆聽完，你們有了解到恐懼的性質嗎？用你們自己的眼睛去看。當你們看見恐懼的性質，恐懼就會消失。這不是要你們去控制思想。你們就是思想本身。我們受到的奇怪制約之一就是認為我們自己不同於思想，所以我們才會說：「我要控制我的思想。」但當你們了解到思想本身就是「我」，了解到是思想虛構出這個未來（那就是恐懼），諦觀其真理——不是透過知見，你無法以知見看到真理，你可以以知見看見清楚明白的言詮，但那不是真理——這個真理就是：這個未來，整個未來的運動，孕育了恐懼。

你們從前就聽過我以各種不同方式說明這番道理，今天早上，你們聚集在這裡，又聽了一次非常清楚、非關分析的解說，那你們有沒有擺脫了恐懼？這是試金石。如果你們還是老樣子，還是說「我仍然恐懼」，就代表你們沒有真正聆聽。

壓力不會讓我們改變

——摘自一九七八年七月二十七日在瑞士薩嫩的演講

在我們開始用一大堆問題和論證轟炸彼此以前，我想知道各位可曾在報上讀到，這世界每年都花幾千億美金在購買軍備？我一般是不讀報紙的，只看頭條標題。我不知道幾千億美金是多少錢，但這筆錢卻是人類花來殺死彼此的。我好奇，讀完這樣的新聞後，我們還會不會認為人類有改變的可能。昨天，在我旁邊的先生問我這個問題：他聽我講話已經聽了很多年，除了聽我演講，還會買我的錄音帶來聽，但他卻從頭到尾毫無改變，還是一開始的模樣。我相信，嚴肅面對這個問題非常重要。在座大概很多人都和他一樣。大概。

有什麼可以促使人類做出深刻改變？這對那些關心人類轉化的人一直是個大哉問。有什麼可以促使我們改變？好好想想這個問題，試著用你們的整個生命來回答。某些我們生命中遇到的突發災難會迫使我們痛定思痛，因而徹底改變嗎？例如一個人有家人死了，或遭遇什麼意外事故，或是身心兩方面都受到重大創傷，這些情況有可能會帶來深刻改變嗎？你們是不是必須經歷巨大痛苦、巨大憂傷才會改弦易轍，才會願意丟棄自私自利、目光如豆和野蠻的思考方式？這個國家經歷過很多戰爭，在座的人大概都經歷過兩場戰爭，幾百萬人因此被殺。想想被這些戰爭波及的人有多悲慘多痛苦，他們失去的不只是錢財，還有兒女。但是，任何外部事件，不管它們有多慘烈，看來都不足以讓人幡然覺悟，說出這樣的話：「絕不能讓同樣的事情再次發生。」

所以我要請問各位一個我們已經思考過很多次的問題，外部事件有可能改變人類嗎？這類事件顯然不能改變人類。這裡的「改變」是指真正深刻的轉化，是指不再以自私自利的動機行事，不再把自己等同於國家、政黨、宗教、教條等等的。表面上，喪夫、喪妻或喪子之類的外部事件是可以為一個人帶來某些改變。我不知道各位有沒有察覺這一點。這是不是表示我們必須依賴外部事件、外部災難作為改變的動力？那表示你必須經歷一些巨大痛苦，才能發生深刻的突變。

在我看來，如果人必須經歷大災大劫方能改變，將是最可怕的事情。那是不可想像的，卻看似常常發生。比方說，有個人開車很不小心，結果撞死了別人，但自己活了下來。事後，他自忖：「我以後必須非常小心駕駛。」他在經歷車禍後變得有智慧。但他有可能在車禍前便有智慧嗎？而且不管怎樣，生於外部事件的智慧都不會從根本改變一個人，因為那只是一種基於自私的求生本能而發的變聰明。深刻的變化必須是完全發自內在，不是受任何壓力和事件迫使。看見這道理便是智慧的一部分。如果我依賴外在壓力，我就必須經歷大量的愁苦和焦慮，那樣的話，我要不是變得憤世嫉俗，便是會用聲色犬馬麻醉自己，因而無法發生任何深刻變化。看見這個道理就是智慧的一部分。唯物主義者、共產主義者和極權主義者都說只要改變外部事件，人類就會發生改變。但人類已經那樣努力了幾千年，卻明顯毫無改變。

另外，好些東方的精神導師……西方大概也有這類精神導師，他們都主張，只要你順服，所有問題就會迎刃而解。這樣，他們又是在要求你順服於某種外在的東西，或順服於某種你自己創造的東西。各位了解我的意思嗎？自從昨天那位先生提出他的問題之後，這一點便極有必要釐清。他說：「我聆聽你講話已經聽了很多年，從不曾有所改變。我還是一開始的德性。」一聽見這樣的話，一個人很難不在心中吶喊。我不知道你們有多少人在心中吶喊。到底什麼東西才會改變他或你們？是一件會讓你們痛不欲生的外部災難性事件嗎？當深重的痛苦粉碎你們既有的一切，逼得你們說「我不能再以這種方式生活下去」的時候，你們再一次是依賴外部事件。外部事件有時規模極其巨大，像戰爭和大地震就是這個樣子。看見有機可乘，那些宗教販子……原諒我這樣稱呼他們，那些宗教販子便呼籲：「交出你們自己吧，順服吧！」各位可知道這種呼籲隱含著什麼嗎？就是隱含著要你順服於那個呼籲你順服的人。不過，當你順服於你的精神導師以後，你在內心深處的自我中心驅力真的會就此消失嗎？當然不會，因為向內施壓，迫使自己順服於別人，不過又是試圖靠壓力來改變自己。各位明白我的意思嗎？

外部壓力不會改變一個人，內部壓力也是一樣。當你向內施壓，迫使自己順服於上帝或什麼的時候，其實是一種追求忘記自己的欲望在作祟，而它既然是一種欲望，自我便還在你裡面，只是掩蓋起來。各位有在聆聽我說話嗎？還是說它對你們來說毫無意義？或許問題的根本在於：你們以知見、言詮、理性和邏輯看見我們現在清楚明白的陳述，除非你們要換個說法，但是重點是煩惱造成的外在壓力，以及想要逃避你自己的內在衝動（這又是另一種壓力）。你們聽了是否認識到一個真理：不管壓力來自外在或內心，都不會有改變？看見或聽到這個事實，那就是智慧。所以，請原諒我再問一次：在聆聽過我的清楚解說之後，各位可有看見事實本身、真理本身，因而產生智慧？有智慧意謂不受內部或外部壓力左右，從原有位置向外移動。

現在，各位是不是已經明白，不管何種形式的外部或內部壓力，都不能讓一個人發生徹底突變？看見這真理就是智慧。你們有看見嗎？你們有這智慧嗎？在這智慧中，行動是先於事件，讓你們無需經歷悲哀愁苦。如果你們有看見，那它就是一件神聖禮物。抱歉，我不應該說「神聖」。那是一件極大的禮物，因為它可以讓人明白，不管是會引起深重悲苦的災難性事件，不管是任何外部或內部壓力，都不會帶來改變。明乎此，在事件或壓力發生之前，智慧就會自行運作，任何時間都會自行運作——不管是在你的日常生活或是上班時間。

執戀的殺傷力

——摘自一九八一年十月七日在在馬德拉斯舉行的「問與答」會議

提問者　我們是醫學院的學生。我想請問，為什麼我們看不見你看見的東西？為什麼我們會缺乏改變自己的決心？

克里希那穆提　難道只有醫學院學生缺乏決心嗎？還是說我們大部分人都缺乏決心？我們從不會去注意早上的浮雲、鸚鵡或牠們捉摸不定的飛行方式。我們從不會注意路邊的狗或躺在馬路中央的羊。我們從不會注意一棵樹的美。提問者所問的是，我們為什麼沒有改變？根本原因是什麼？身處像印度這樣的文明，它存在了大概三、四千年，一度幾乎消失，如今則是變得極其世俗、市儈和腐敗，身處這樣的文明，我們為什麼還不改變？請各位反躬自問，為什麼我們不思改變？是什麼原因阻止我們改變？是因為我們單單把心思放在追求物質安全和身體安全嗎？這是一點。另外，是不是因為我們智慧不夠，無法理解人生的悲慘，無法對人生抱持一種批判和懷疑的態度？是不是因為我們太重七情六欲？我們都是充滿欲望的人，樂在聲色犬馬之中，熱中於追求金錢、地位和權勢，是這些東西阻止我們改變嗎？從出生那一刻開始，從我們還是嬰兒時開始，我們便追求安全感，包括生理與心理兩方面的安全感。我們想要媽媽陪在身邊，如果有人不喜歡媽媽，嬰兒就會感覺得到。西方有個這方面的實驗。

現在的問題是，知道這一切之後，我們為什麼還是沒有改變？還是說我們從來沒意識到這個事實，總以為我們只是在傳承一個美好的古老傳統？我們的大腦太習慣這種生活模式，住在這種生活模式裡覺得非常舒適，所以拒絕改變。這就是我們不肯改變的理由嗎？還是說我們沒有足夠的生理和心理能量？不對，我們多的是能量。我們天天上班，如是者大半輩子，這顯示我們有大量能量。我們還把許多能量浪費在吵架、殘忍和漠不關心上頭。所以我們有的是能量。你們之中有些人聽我講話已經聽了三十年、四十年甚至五十年，卻幾乎毫無改變，為什麼會這樣？請你們自己回答。為什麼我們會變得如此遲鈍？是你們的文化傳統、你們的宗教、你們的聖典作祟嗎？是上述各種理由讓各位不思改變的嗎？

想要獲得安全感是自然和健康的傾向。我們需要食物、衣服和住處，每個人都需要，所以追求這些東西是符合自然。我們還需要心理上的安全。我們想要確定妻子或丈夫會永遠留在我們身邊。我們的執戀心理非常巨大。如果我們可以明白執戀的性質和它的種種後果，看出執戀的危險，馬上予以丟棄，那我們大概就會發生若干改變。但我們卻沒有看見。你們知道嗎，以任何方式執戀任何事物都非常、非常具有腐蝕性、破壞性。當你執戀於某種信仰、某個人或某個理想，你就不只會把自己分離於他人，還一定會感受到恐懼、嫉妒、焦慮，總是處於一種內在不確定的狀態。執戀的後果非常嚴重。

現在，各位願意馬上改變嗎？還是說光聽不練，第二天再來聽我談論執戀？各位明白我的問題嗎？為什麼我們的行動會這麼遲緩？請各位問問自己。

我們意識到，從根本上來說，在內心深處，我們並不願意改變，所以我們採取各種不同的逃避策略。我們用酒精、迷幻藥、大麻等事物逃避我們狹隘、醜陋、襤褸的人生。為什麼我們的心靈會那麼遲鈍，看不見箇中危險，不知道必須馬上改變？請好好思考。這現象真是讓人神傷。我們無能為自己帶來改變，也因此無能為社會帶來改變。這種無能讓我們不只被時間束縛，還無法茁壯成長、無法移動。然則我們要怎麼辦？難道你們想要更多震撼、更多苦痛來促使你們改變嗎？

有些人說，由於人類永不可能改變，所以應該創造一個可以控制人類的社會，共產主義者、社會主義者和極權主義者都是這種想法。世界越是不確定、越是不安全（現在的世界就是這樣），我們就越會轉向傳統，轉向精神導師，或參加某種政黨。我不知你們有沒有意識到，這就是正在發生的事情。所以，到了這個緊急關頭，我們為什麼還不改變？是因為絕對的不願意、絕對的愚蠢嗎？

當你觀察這世界，看到的一切真的非常讓人神傷。現代科技確實很炫目，以驚人的速度不斷進步，但人類卻沒有在心理層面趕上科技，所以進步的科技只會被一些人用來摧毀人類。我不知道你們有沒有意識到這一點？然則你們打算怎麼辦？是依然故我嗎？八成是如此。

「我應該做些別的事。」

——摘自一九六六年七月二十八日在瑞士薩嫩的演講

提問者 我覺得我的日常生活毫不重要，我應該做些別的事。

克里希那穆提 當你吃飯，就只管吃飯。當你走路，就只管走路。別說：「我必須做些別的事。」閱讀的時候應該凝神，不管你讀的是偵探小說、雜誌還是聖經。完整的凝神是一種完整的行動，因此不存在「我必須做些別的事」。只有當我們不凝神，才會覺得必須做些更有意義的事。如果我們吃飯時能夠凝神，那就是一個行動。重要的不是我們正在做什麼事，而是我們是否有徹底凝神。我所謂的「凝神」不只是專心。專心是我們上課或做生意所必須，但「凝神」卻是指身體、神經系統、眼睛、耳朵和心靈的全面投入。如果我們遇上了重大危機，我們自然會投入全部的能量、精力與凝神。人生就是一場持續不斷的大危機，要求我們每分鐘都保持凝神，但我們卻被訓練成不凝神，所以總是想辦法逃避凝神，遁入不凝神。我們說：「我們都很懶惰，要如何凝神？」懶惰其實無妨，只要懶惰時凝神於懶惰便可。當你凝神於不凝神，你就是處於凝神狀態。

你們都是用什麼態度聆聽？

——摘自一九七九年七月二十六日在瑞士薩嫩的演講

在我們開始對話之前，有幾點應該先釐清。我們看來喜歡畫地自限。有些人說，我陳義太高，我的呼籲是不可能做到，不可能應用在日常生活。「我聽你講話已經二十年、三十年、四十年、五十年，但什麼都沒有發生，我還是原來的我。」說這種話的人是把一塊大石頭搬到自己前面，透過說「那不可能做到」，他們侷限了自己。

還有些人說：「我部分明白你的意思，但我想在有所行動以前先明白你的全部意思。」再一次，這是一種畫地自限，是把一塊大石頭搬到自己前面，讓自己不能有所作為。

還有些人說：「你的主張完全不切實際。為什麼你不閉嘴走開。」這種話我聽過很多次，說這種話的人不只會畫地自限，還看扁了全世界其他人，因為他的言下之意是：「既然我做不到，你們也做不到。」

容我再多說兩句，然後我們就開始對話。這個帳棚裡也許有一兩千人，但對話的只是你我兩個。不過，當我們對話，其他人也會被納入對話中。所以，我懇請你不要用以下的話來侷限自己：「我做不到，那是不可能做到的。你天生是個怪胎，所以可以做得到，但我們只是普通人。一個人必須擁有特殊基因才能做到你說的這些。」每個人都有無數藉口，有無數規避仔細觀察自己的方法。他們不願意明白自己的束縛，不願意設法推開這些束縛。但如果能夠做到，我們大概就能有更好的溝通。

另外我想指出，我們並不樂於聆聽、不樂於設法了解別人所說的話。聆聽的前提是某種凝神、關心和愛。如果我想了解你說的話，就必須聆聽，不是無時無刻用各種方法作繭自縛。我必須關心、尊重和愛你所說的話，否則我們就無法溝通某些非常非常重要和需要大量探究的問題。所以，我可以建議我們帶著愛、帶著關心彼此聆聽嗎？通常你們都只想維護自己的觀點角度，只想用自己的意見把對方的意見比下去，只想質疑對方，為什麼你們聽他說話那麼多年，還是一點改變都沒有。雖然我有可能是錯的，但在我看來，這一切都顯示，你們的聆聽裡沒有愛。我不是在責怪任何人，只是說出我的想法。請不要生氣。

我覺得我們應該非常深入地探討為什麼我們無法聆聽。有些人會說：「我一直在聆聽。我聆聽你說話已經二十年，什麼結果也沒有。我打算不再聆聽。」你們不會用這種態度對一個小孩，對不對？他想要告訴你們什麼，他也許已經告訴過你們十次，但他每次說話，你們都會聆聽。因為愛那個小孩，你們不會叫他走開，不會失去耐性。我認為，在我們的所有對話和討論中，我們失去了這種最根本的芬芳[3]。帶著愛去聆聽不代表不應該批評，不代表把聽到的一切照單全收。它也不表示我們要同意或不同意。為了溝通，我們必須要有愛，而愛八成是我們的談話所闕如。我們都太過知性，或太過浪漫，或太過感情用事。這些傾向都會排斥愛。

所以，如果今天早上我們想要進行有意義的對話，便需要記住，要是沒有感情、關心、愛和慈悲，說話便會淪為文字遊戲，停留在膚淺、敵對、獨斷、自以為是的層次。它們將只是空言，毫無深度，毫無質量，毫無芬芳。請務必記住這一點。今天我們要談的是什麼主題？

3 譯注：克里希穆提那常常把愛形容為一種「芬芳」。

國家圖書館出版品預行編目資料

你可以改變自己嗎？當先知遇上尊者與科學家，一場關於人與生命的對話／克里希那穆提（J. Krishnamurti）著；梁永安 譯. -- 二版. -- 臺北市：商周出版,城邦文化事業股份有限公司出版：英屬蓋曼群島商家庭傳媒股份有限公司城邦分公司發行, 民112.12
面； 公分. --
譯自 : CAN HUMANITY CHANGE? : J. Krishnamurti in dialogue with Buddhists
ISBN 978-626-318-940-9（平裝）
1. 靈修
192.1 112018653

你可以改變自己嗎？
當先知遇上尊者與科學家，一場關於人與生命的對話

原著書名／CAN HUMANITY CHANGE?
作者／克里希那穆提（J. Krishnamurti）
譯者／梁永安
責任編輯／楊如玉

版權／林易萱
行銷業務／周丹蘋、賴正祐
總編輯／楊如玉
總經理／彭之琬
事業群總經理／黃淑貞
發行人／何飛鵬
法律顧問／元禾法律事務所 王子文律師
出版／商周出版
城邦文化事業股份有限公司
台北市民生東路二段 141 號 9 樓
電話：(02) 25007008 傳真：(02) 25007759
E-mail：bwp.service@cite.com.tw
發行／英屬蓋曼群島商家庭傳媒股份有限公司城邦分公司
台北市民生東路二段 141 號 11 樓
書虫客服服務專線：(02) 25007718、(02) 25007719
24 小時傳真專線：(02) 25001990、(02) 25001991
服務時間：週一至週五上午09:30-12:00；下午13:30-17:00
劃撥帳號：19863813；戶名：書虫股份有限公司
讀者服務信箱：service@readingclub.com.tw
城邦讀書花園：www.cite.com.tw
香港發行所／城邦（香港）出版集團有限公司
香港九龍九龍城土瓜灣道86號順聯工業大廈6樓A室
E-mail：hkcite@biznetvigator.com
電話：(852) 25086231 傳真：(852) 25789337
馬新發行所／城邦（馬新）出版集團【Cité (M) Sdn. Bhd.】
41, Jalan Radin Anum, Bandar Baru Sri Petaling,
57000 Kuala Lumpur, Malaysia.
電話：(603) 90578822 傳真：(603) 90576622
E-mail：cite@cite.com.my

封面設計／黃聖文
排版／新鑫電腦排版工作室
印刷／韋懋實業有限公司
經銷商／聯合發行股份有限公司
電話：(02) 2917-8022 傳真：(02) 2911-0053
地址：新北市231新店區寶橋路235巷6弄6號2樓

■ 2023年（民112）12月二版
定價／400 元

Printed in Taiwan
城邦讀書花園 www.cite.com.tw

 ISBN 978-626-318-940-9